군맹무상

群盲撫象

군맹무상

群盲撫象

박일호 수필집

세종출판사

프롤로그(Prologue)

돌이켜 보면 내생애에 경제적인 빚을 지지 않고 살아 갈 수 있었던 것은 퇴임 후부터였다. 직장을 다니면서 박사 과정을 마무리한다는 것이 어려운 시련이었다. 교직생활을 30여년 동안하면서 그 이전보다 많은 동료 선생님들과의 교류는 좋은 인연이었다. 일부 동료 선생님들과는 인간적 만남으로 허심탄회하게 대화하며 서로 돕고 지냈는지 확신이 서지 않는다. 확실한 것은 지금까지 동료 선생님들, 여러 지인들과 친구들로부터 도움을 받아서 오늘의 내가 있게 되었다. 동료 선생님들, 지인과 친구들에게 깊이 감사드리며 늘 건강하시고 행운이 가득하시길 빈다. 꿈 많은 여러 제자들도 만났다. 이제 우리 사회의 각계각층에서 중요한 인물들이 되어 노력하고 있으리라 믿는다. 모두 건강하고 다복하기를 바란다.

매 순간 최선을 다 했다고 생각했는데 돌이켜 보면 그렇지만은 않았던 것 같다. 어떤 때는 아둔하여 세상물정 모르고 어리석은 언행을 저질렀다. 그래서 후회하고 가슴 아파했던 경우도 있었다.

이번에 수필집 제 2집 발간이 늦은 것은 전적으로 나의 무능과 게으름으로 인한 것이다. 그리고 혹 읽어주실 동료나 이웃 친지가 계시면 참고가 될까하여, 또 자손들에게도 혹여 도움이 될까 해서 프롤로그에 붙인다. 누구를 위해 어떤 글을 쓰는가 하는 명제에 부딪칠 때마다 번민하는 것은 그 또한 나의 무지 때문이다. 다음에 더 좋은 수필을 쓸 것을 약속하면서 프롤로그에 가름한다.

나의 영원한 독자며 지지자인 가족에게 고마움을 전한다.

이번에 저의 수필집이 출간되기까지 격려해주시고 도와주신 세종출판사 이동균 상무님과 김미화 님, 박정목 선생님과 여러분께 깊은 감사를 올립니다. 저의 졸작을 사랑으로 읽어 주시길 바라며 함께하는 모든 분들의 가정에 행운과 행복이 가득하시길 빕니다.

2023년 8월

박 일 호

차 례

■ 프롤로그

제 1부

악어의 눈물

제 2부

돈키호테와 햄릿

제 3부

우리의 행복지수

제 4부

어른의 아버지

제 5부

인간의 품격

제 1부

악어의 눈물

생명의 경건함

좌우명

조상 숭배

악어의 눈물

겨레의 얼, 무궁화(無窮花)

유명 기업인의 성공방략

우공이산(愚公移山)

경쟁의 진정성

모순(矛盾)

감사쓰기와 인간관계

생명의 경건함

어렸을 적에 들은 애기지만 사람이 개를 사랑해야하는 까닭은 개가 다음 생에서는 사람으로 환생하기 때문이라고 한다. 인간을 포함한 모든 생명체는 생사를 오가며, 윤회 과정을 거친다는 윤회 사상은 아직도 우리의 민속신앙에 깊이 뿌리 박혀 있다.

불교에서 비롯되어 전해오는 윤회설(輪廻說)로서 그것이 진리인가 아닌가는 그만두고 참 아름다운 이야기가 아닌가. 인간의 삶은 그처럼 매력 있다는 뜻에서 말이다. 몇 억겁의 세월동안 몇 생을 거처 업인(業因)을 쌓고 쌓아서 단 한 번의 인간의 생을 향유한다는 것이다. 인간으로 태어나는 것은 망망한 부른 바다에서 눈먼 거북이가 구멍

뚫린 통나무에 얻어 걸리는 것보다도 더 희귀한 인연이라고 한다. 그래서 인생은 그 얼마나 아름답기에 이처럼 희한하고 선택받기 어려운 존재인가. 더 높은 하늘은 생의 기쁨을 가득 차게 할 만한 용량을 가지고 있는가 보다. 광대한 이 대지는 실의의 슬픔에 어루만져주는 자비로움을 가진다. 그러기에 인간은 득의(得意)의 기쁨을 안았을 땐 하늘을 향하여 앵금 발로 뛰고, 실의의 슬픔에 어쩔 줄 모를 때에는 땅위에 펄썩 주저앉아서 엉엉 소리 내어 운다.

요즘 강의 받을 때나 모임에서 짜증나는 사람이 있어서 자주 불평했는데, 이제는 불평만 할 게 아니라 내가 어떻게 다뤄서 변화를 시킬 수 있을지를 생각해보아야겠다.

당신이 사람들을 어떻게 보느냐에 따라 그들을 어떻게 다룰지가 정해진다. 그리고 그들을 다루는 당신의 방식에 따라 그들은 당신에게 우호적으로 또는 비우호적으로 바뀔 것이다.

"아는 것으로는 충분하지 않다. 적용해야 한다. 의지만으로는 충분하지 않다. 행동해야 한다."고 현자들은 말한다. 살아가면서 너무 공감되는 말이다. 뭐든 행동해야 이룰 수 있겠지! 매일 아침 글을 쓰겠다고 다짐만 하고 실천에 게으른 자신이 부끄럽다. 보다 적극적으로 행동하지 않는 나 자신을 반성해야겠다는 생각을 수시로 하게 된다.

기나긴 투병 끝에 쾌유하여 파란 눈부신 하늘을 우러러 보며 아침 우물가에서 세수를 할 때 건강은 그 얼마나 아름다운 것이었던가. 인생은 천재일우의 인연으로 인해 맺어졌기 때문에 이처럼 아름다운 것일까?

괴테는 임종이 가까워서 "커튼을 걷어 치워라. 저 하늘과 빛을 보자!"고 했고 칸트는 포도주 한 방울을 목에 적신 후 "아, 인생이 그 얼마나 아름다우냐!"고 하였다.

인간이 사는 이 세상 외에 또 무슨 아름다운 세상이 있을 수 있을까? 알 수는 없다. 우리는 후회를 남기지 않기 위해 생명의 존엄성과 경건함을 알고 보다 용감하고 능동적으로 생각하고 행해야겠다. 우리의 단 한 번의 생명이 아름다운 삶을 이룩하는데 결코 소홀히 하지 말아야겠다.

좌우명

대부분의 사람들은 하나의 좌우명을 갖고 살고 있다. 좌우명이란 늘 자기의 자리 옆에 놓고 밤낮으로 반성의 재료로 삼는 격언을 말한다. 명(銘)은 새길 명자다. 쇠나 돌에 글자를 새기는 것, 또 그 글자를 명이라고 일컫는다. 깊이 새기는 명각(銘刻)이라 하고, 마음에 새기는 것을 명심이라고 한다. 간에 새기는 것을 명간이라고 한다. 한나라의 최 원이라는 학자가 처음으로 좌우명을 만들었다고 한다. 돌이나 쇠붙이에 생활의 지표가 되는 말을 새기고, 그것을 자기 자리의 오른편에 붙여 놓았는데. 여기서 좌우명이란 말이 생겼다고 한다.

우리는 좌우명을 하나씩 갖고 살아가야한다. 자기 인생

을 키워 갈 영원한 좌우명이 있는가 하면 매일 매일 자기가 생각하는 바를 반성하고 명상의 자료로 도 좌우명은 필요하다고 본다. 맹자는 "행하여 얻음이 없으면 모든 것에 대한 나 자신을 반성하라. 내 올바를 진대 천하는 모두 나에게 돌아온다."고 했다. 항상 발전, 변화하는 시대에 대처하면서 보다 높은 이상적인 목표를 지향하는 젊은이들이 삶의 방향을 가늠하는 길에서 스스로 마음 속 깊이 가다듬고 다짐하면서 마음속에 굳게 새겨 둘 좌우명이 필요하다는 생각이 든다. 아무리 좋은 좌우명이라도 실천하지 않으면 무슨 소용이 있겠는가. 오늘의 생활은 어제의 생활보다 더 새롭고, 오늘의 생활보다 내일의 생활은 더 한층 새로워야한다. 그러려면 우리는 부단히 수양하고 공부하고 노력해야 한다. 나날이 새롭다는 것은 쉴 새 없이 전진하는 것이요. 끊임없이 전진하는 것은 끊임없이 성장하는 것이다.

걷는 자만이 앞으로 갈 수 있다. 노력하는 자만이 전진할 수 있다. 인생은 향상을 향한 부단한 노력의 여정이요, 끊임없는 분투노력의 전진이 있어야 한다. 진보하는 사람이 있는가 하면 퇴보하는 사람도 있다. 점점 도덕적 인격이 형성되는 자가 있는가 하면 사회적 문제아가 되는 사람도 있다. 성장은 인간의 가치 판단의 중요한 척도의 하나다. 얼마만큼 성장하였는가. 이것이 중요하다. 옛날 은나라의 탕왕은 세수 대야 등에 구일신, 일일신, 우일신(苟日新, 日日新, 又日新)을 새겨 놓고 매일 자기를 채찍질하는 금언으로 삼았다고 한다. 자기 몸에 끼인 때를 아침, 저녁으로 씻어서 정말 자신을 새롭게 한다는 것이다. 나날이 새롭고 또 날로 새로워지고자 하는 그러한 정신으로 우리는 살아가야한다. 인간은 죽는 날까지 부단히 배우고 공부하는 배움의 마음을 가져야한다. 나폴레옹은,"배우라, 알라, 실천하라." 고 했다.

나의 좌우명은 "오늘 하루가 가장 귀중한 선물이다."라는 것 이다. 지행합일(知行合一)을 외치면서 참다운 인생을 아는 것도 중요한 일이지만 그 보다도 오늘 하루를 감사하고, 귀담아 듣고 실천적 행동을 이루어 나갈 때 그 의미가 살아난다고 본다.

조상 숭배

얼마 전, 민법상 '제사 주재자'는 유족 간 합의가 없으면 성별에 관계없이 가장 가까운 직계비속 중 최 연장자가 맡는다는 대법원 전원합의체 판단이 나왔다. 장남에게 우선권을 줬던 기존 대법원 판례가 '성별 에 관계없이 최 연장자가 맡는다.'로 15년 만에 변경됐다. 즉, 숨진 A씨의 딸 등 유족이 혼외 여성 · 아들을 상대로 낸 '유해인도 소송'에서 "장남이 제사주재자로서 유해에 대한 권리를 갖는다"는 원심을 깨고, 사건을 서울고법으로 돌려보냈다. 대법원은 "제사주재자는 공동상속인의 협의에 의해 정하되, 협의가 이뤄지지 않은 경우 성별 · 적서에 관계없이 피상속인 연장자가 제사 주재자로 우선 한다"며 "특별한 사정이 없는 한 장남이 제사주재자가 된다는 종전 대법원 판례를 변경 한다"고 밝혔다.

세상에는 '뿌리 없는 나무 없고, 샘 없는 강물이 없다'시피, 조상 없는 '내'가 존재할 수 없음은 너무나 당연한 이야기이다. 그러므로 항상 조상을 숭배하고 감사하는 마음으로 조상의 얼을 되새기며, 그 정신을 길이길이 보전하고 빛내도록 노력하여야 한다.

그러면 조상숭배는 어떻게 해야 할까. 명산을 골라 화려하게 묘원을 장식하는 것만이 과연 조상 숭배의 길인가. 비록 보잘것없이 모신 산소일지라도 착실히 성묘하고 돋아나는 잡초 한 포기라도 뽑아 주는, 그 정신이 곧 조상 숭배의 정신일 것이다. 그리고 대대로 내려오는 아름다운 가풍과 가훈을 지켜나감도 중요하리라. 아무리 바쁨에 쫓기는 현대인일지라도 제사를 잊지 않고 가족이 다모여 서로 인간관계도 돈독하게 다지고 못 다한 안부도 전하고 정해진 시간에 제사를 정성껏 모신다. 일반적으로 벌초는 추석 전에 실시하며, 추석에는 아침에 집에서 차례를 지내고 난 후 조상 묘를 찾아 성묘를 한다. 성묘는 조상의 묘를 찾아가서 손질하고 살피는 일이다. 설날과 한식에는 성묘는 하지만 벌초는 하지 않는 것이 일반적이다. 성묘를 하고, 조상의 얼을 되새겨 보는 순간만은, 화목이 있고, 단결이 있고, 협동이 있고, 가문이 있고, 핏줄이 있고, 행복이 있고, 그리하여 내일은 위한 설계가 있는 것이다. 그 집안은 발전하고, 번영이 오게 되는 것이다. 면면히 흐르고 흘러 이어온 우리 조상들의 빛나는 얼과 핏줄, 그러기에 영원히 이어져야 할 우리 후손들이 지켜야 할 일 아닌가!

우리의 조상은 언제나 후손을 보호하고 지켜 줄 뿐만 아니라, 가문의 발전과 융성을 바라고 있는 것이다. 그 보호하고 지켜주는 조상은 딴 곳에 있지 않고 항상 후손들의 마음속에 있다.

뿌리에서 받아 올린 물은 가지와 잎을 무성하게 하고, 땅에서 솟는 샘물은 큰 강을 이룬다. 샘이 강물의 근원이듯, 후손의 근원은 조상이다. 나무와 가지와 잎이 무성해짐은 뿌리에 기인하듯, 후손의 번영은 조상의 덕택이다. 조상을 우러러보는 마음이 있어야만 나의 발전이 있고 더 밝은 미래가 있을 것이다.

조상과 나와 나의 후손은 부분이 아닌 전체요, 일체임을 항상 잊어서는 안 된다. 조상 숭배 사상은 곧 효의 사상과 일치하기 때문이다.

악어의 눈물

성경 시편에 “내 눈이 이 땅의 충성된 자를 살펴 나와 함께 거하게 하리니 완전한 길에 행하는 자가 나를 따르리라.”라고 말한다. 이 구절은 지도력에서 정직의 중요성을 강조한다. 리더는 자신이 신뢰할 수 있고 신뢰할 수 있음을 입증한 개인으로 둘러싸여 있어야 한다. 진실성은 효과적인 리더십과 타인의 신뢰를 유지하는 데 매우 중요하다. 리더가 정직, 투명성, 윤리적 행동을 보이면 추종자들 사이에 신뢰와 존중이 형성되어 더 나은 의사 결정과 긍정적인 결과로 이어진다. 그러나 리더의 성실성이 결여되면 불신, 불충성, 심지어 스캔들로 이어질 수 있다. 따라서 리더는 높은 수준의 정직성과 도덕적 성품에 대해 책임을

지는 것이 무엇보다 중요하다.

정직이란 곧고 바르다는 뜻이다. 바꾸어 말하면 말과 행동에서 거짓을 버리는 것을 뜻하며 모든 행동의 기본이 된다. 정직한 마음으로 생활하는 사람은 언젠가는 성공하지만, 거짓을 앞세우는 사람은 한 때의 욕심을 채울지는 몰라도 언젠가는 버림을 받게 되고, 결과적으로 자신을 돌이킬 수 없는 파멸의 구렁텅이로 몰아넣게 된다는 엄연한 사실을 알아야 한다. 오늘날 우리들이 살아가고 있는 이 사회에서는 거짓을 앞세우고 속임수를 쓰는 사람이 붉은 얼굴도 하지 않은 채 버젓이 살고 있는 경우도 있다.

셰익스피어의 '오델로(Othello)'등 몇몇 작품에 '악어의 눈물'이란 말을 찾아 볼 수 있다. '악어의 눈물'이란 곧 거짓 눈물을 뜻하며, 그 악어는 위선의 상징이다. 이와 관련해서 '악어의 논법'이란 말이 있는데 이는 고대 이집트의 전설에서 유래되었다고 한다.

나일 강에서 놀고 있는 아이를 악어가 잡아갔다. 그 아이의 아버지가 자식을 돌려 달라고 애걸했다. 그때 악어는 이렇게 말했다. "내가 아이를 돌려주겠는가, 안 돌려주겠는가, 그 물음에 대답할 수 있다면, 아이를 돌려주마."

물론 악어는 아이를 돌려줄 생각이 당초에 없었다. 만약 아이의 아버지가 “돌려주겠지요.” 하면 “틀렸다.”하고 아이를 잡아먹을 심산이었으며, “돌려주지 않겠지요.” 한다면 “돌려줄 작정이었는데.” 하고, 결국 잡아먹을 생각이었다. 그러므로 ‘악어의 논리’란 것은 우리 속담의 ‘귀에 걸면 귀고리, 코에 걸면 코걸이’와 맞먹는 말이다. 이것은 어처구니없는 궤변이다. 누구나 다 악어의 교활함을 얄미워하겠지만, 한 걸음 더 나아가서 우리가 살아 기는 동안에 마주칠 수도 있는 진퇴양난의 순간에 악어의 눈물과 궤변을 간파하고 이에 대처할 지혜로움을 갖추어야 할 것이다. 더불어 ‘악어의 눈물’과 같은 위선, ‘악어의 논리’과 같은 궤변을 지녀서는 절대로 안 된다. 우리 모두 거짓이 없는 진실하고 솔직한 사람이 되자. 교만하지 않고 거짓이 없는 행동은 자기 자신의 발전과 나아가 국가와 사회의 발전에도 크게 기여한다는 것을 명심하자.

겨레의 얼, 무궁화(無窮花)

전해오는 말로는 무궁화를 우리나라 국화로 삼은 것은 구한말 칠곡 부사 남궁억 선생이 윤치호 선생과 상의하여 정한 것이라고 한다. 그리고 정식으로 대한민국의 나라꽃으로 기록된 것은 1935년 동아일보에, "조선의 국화 무궁화의 내력"이라는 기사로 기록을 남기고 있을 뿐 확실한 제정 연대의 증거를 찾지는 못하고 있다. 무궁화가 우리 역사에 오른 최초의 기록은 고려 예종 때 표사(表詞: 나라 이름의 별칭)로 원나라와의 외교 문서에 우리나라를 근화향(槿花鄕)이란 표현을 쓸 만큼 무궁화와 우리 겨레의 인연은 길고도 깊다고 하겠다. 당나라 현종 때는 신라의 호를 군자의 나라라 하였다. 우리나라가 옛날부터 군자의 나라라 일컬어 졌던 것으로 공자가 살고자 하였다고도 쓰여 있다. 이런 사실은 이수광의 지봉유설(芝峯類說)에 기록되어 있다. 무궁화는 화려하지도 않고 또 향기롭지도 않으나 담백한 아름다움이 절로 옷깃을 여미게 하며 사람의 마음을 숙연하게 하는 꽃이다. 그 옛날 과거에 급제하여 청운의 뜻을 편 젊은이들에게 내린 어사화가 바로 무궁화였다. 무궁화는 이처럼 겨레의 역사와 더불어 길고 긴 영고성쇠의 터널을 함께 지나온 나라꽃이다. 무궁화는 세계적인 꽃말조차 일편단심, 한 마음 한 뜻이다. 침착하고 겸손한 의지로 은근과 끈기로 꽃을 피우는 무궁화의 미덕만은 이 세상의 그 어느 나라 국화보다도 우수하다고 생각한다.

무궁화의 꽃 색깔은 배달계, 단심계, 아사달계가 있으며, 한 봄을 탐내 다른 꽃들과 힘겨룸은 하지 않지만 오래 동안 겨레의 저력을 갈고 닦다가 튼튼한 생명력에 충일되어 여름 아침 그 싱그러운 모습을 드러내는 꽃이 무궁화다.

무궁화는 보면 볼수록 아름다운 꽃이며 수줍고 은근하며 겸손하다. 흰 옷으로 상징되던 선조들의 백단심(白丹心)이 바로 무궁화의 자랑스러운 덕성이다. 그래서 우리는 흰 무궁화의 붉은 화심을 보면서 그 속에서 옛날 대쪽같던 선비들의 고결한 모습을 찾아 볼 수 있다. 법 없이도 하늘 아래 한 점 부끄럼 없이 살아가던 저 연자방아 찧던 옛 아낙네들의 소박한 모습까지도 떠올릴 수가 있는 것이다.

수줍고 은근하고 겸손한 무궁화, 참으로 믿음직한 꽃이다. 무궁화는 아침에 피고 저녁에 시들거나 떨어지지 않고 새 송이들이 9월이 가고 10월에 들어서도 아침, 저녁 산들 바람에 흰 무명바지 저고리가 차가울 때까지 잇달아 끊임없이 피고진다. 무궁화의 이 겸손함, 소박함, 은근과 끈기가 진정한 나라 사랑의 뜻임을 되새겨 보게 한다. 그래서 나는 '무궁화선양회'에 연락해서 가능하다면 주변 어디서든지 무궁화를 많이 볼 수 있도록 보급되었으면 좋겠다고 건의했다. 또 하나는 나 자신부터 무궁화 심기를 실천을 하겠다고 전제하면서, 학교에서는 어린이 날, 어버이날과 스승의 날 등에 조화일 지라도 겨레의 얼, 나라꽃 무궁화를 사용했으면 좋겠다.

유명 기업인의 성공방략

1971년에 있었던 일이다. 현대그룹 회장의 브리핑을 들었다. 정 주영 회장은 바다를 가리키면서 "저기에 조선소를 짓고 큰 배를 건조할 것입니다. 이미 26만 톤짜리 배 두 척을 그리스로부터 주문 받아 놓았습니다."라고 말을 시작하였다. 바다에는 조선소처럼 생긴 시설은 전혀 보이지 않았다. 황당한 소리처럼 들렸다. 이어서 그는 말했다. 주문을 받으러 갔더니 그 사람들이 배를 만든 실적을 물었다. 그래서 나는 '우리는 건설업을 하기 때문에 많은 건물을 지어 보았고 공장을 지어 보았는데, 배라는 것은 물 위에 짓는 공장이므로 그걸 만드는 것은 자신이 있다.'고 했다. '설계와 품질 보증은 영국의 권위 있는 회사에 맡길

터이니 그 회사를 믿으면 된다'라며 그들에게 믿음을 주었다. 그렇더라도 첫 주문을 주는 것은 고마운 일이기 때문에 가격을 저렴하게 해 줄 것이고 하자 보수도 충분히 책임을 지겠다고 했다. 그랬더니 그들은 우리 회사가 그동안 쌓아온 국제적인 신뢰도에 대해 확신을 한 탓인지 별다른 이의 없이 계약대로 수주를 해주었다.

가까운 이웃 일본의 대표 가전 브랜드 기업 마시다 전기(파나소닉, Panasonic)는 산하 570개 기업, 13만 명의 종업원을 거느린 세계에서 가장 큰 전기기구 제작회사로, 단일 업종으로는 세계 제일이라고 한다. 이 회사의 회장이자 내셔널(National)상표의 창업자인 일본 제일의 부호 마쓰시다 고노스케(松下幸之助)로 부터 성공 방략에 대해 알아보았다.

고노스케는 어린 시절, 아버지의 파산으로 인해 초등학교 4학년을 중퇴하고, 9살 때 자전거점에서 견습생으로 들어가 15살까지 그 곳에서 상인으로서의 기초를 착실하게 훈련받았다. 그 후 마쓰시다는 자그마한 전기회사의 직공으로 들어가서 소켓 만드는 일을 배웠다. 그러나 그 일에 만족하지 않고, 자기 힘으로 큰일을 해 보겠다고 결심을 하고, 거기서 받은 퇴직금을 밑천으로 자립하여 오사카에서 아내, 매제와 함께 연구와 정성을 다해 새로운 소켓을 만들어 판 것이 끝내 세계 최고의 전기회사를 만들어 냈던 것이다. 1927년 내셔널(National) 상표를 사용해 램프, 라디오, 국민 소켓 등을 발매하였다.

어느 날 마쓰시다 회장에게 직원 중 한 사람이 "회장님은 어떻게 하여 이처럼 큰 성공을 하셨습니까?"하고 질문하자, 그는 "나는 세 가지 하늘의 은혜를 입고 태어났기 때문이라네."라고 대답하였다.

그가 말하는 세 가지 은혜란 첫째, '가난한 것' 둘째, '허약한 몸' 셋째, '못 배운 것'이다. 이 말을 듣고 놀란 직원이 반문했다.

"어떻게 그것이 은혜가 됩니까? 이 세상의 불행은 모두 갖고 태어나셨는데도 오히려 하늘의 은혜라고 하시니 저는 이해할 수 없습니다."

그러자 마쓰시다 회장은 "나는 가난 속에서 태어났기에 부지런히 일하지 않고서는 잘 살 수 없다는 진리를 깨달았다네. 또, 건강의 소중함도 일찍이 깨달았기에, 몸을 아끼고 건강에 힘써, 지금 90살이 넘었어도 30대의 건강으로 겨울철 냉수마찰을 한다네. 초등학교 4학년을 중퇴했지만, 항상 이 세상 모든 사람을 나의 스승으로 받들어, 배우는데 노력하여 많은 지식과 상식을 얻었다네. 이러한 불행한 환경이 나를 이만큼 성장시켜 주기 위해 하늘이 준 시련이라 생각되어 늘 감사하고 있다네."하고 말했다.

성공과 실패는 오직 정신력과 스스로 마음먹기에 따라 충분히 달라질 수 있다.

고노스케처럼 한 가지 일에 내 인생 전부를 걸고 하늘이 나에게 준 시련을 이겨내고 끝까지 있는 힘을 다하는 것이 성공의 비결이라는 것을 알 수 있었다.

우공이산(愚公移山)

많은 사람들이 "나는 지금 바쁘다."라는 말을 달고 산다. 현대 생활이 실제로는 분망하지만 입놀림이 더 바쁜 경우가 많다. 그럴수록 정작 놓치고 있는 것은 없는지 이따금 점검할 필요가 있다. 시간관리가 곧 인생 관리이고 또 하나의 자기관리 방식이다. 건강과 성공도 자기관리에 달려 있다.

우리들 사회에서 열심히 일하지 않고 성공하고 부정한 방법으로 단번에 거액의 재물을 노리면서 발 빠른 이기주의에 빠진 병리현상은 사회적인 문제로 나타나고 있다. 이러한 '내로남불'이 만연하는 사회현실을 접할 때마다 원래 어리석은 영감이 산을 옮긴다는 뜻을 지닌 우공이산이라는 고사를 한번쯤 새겨볼 만하다.

먼 옛날 기주이남 하양 이북에 태행 산과 왕옥 산이라는 큰 산 두 개가 있었다. 그 산들은 만 장 높이에 사방이 700리에 달했다. 산의 북쪽에 우공이라는 노인이 살았는데, 나이가 거의 아흔이나 되는 늙은이였다. 그의 집 대문은 마침 이 큰 산과 마주하고 있어 일을 보러 나갈 때는 길을 돌아가야만 했으므로 매우 불편하였다. 우공은 늘 이에 불만이라 어느 날 노하여 그 산들을 파서 없애기로 결심하였다.

흙을 발해 만까지 운반하는 데 한 번 왕복에 1년이 걸렸다. 이것을 본 친구 지수(智搜)가 웃으며 만류하자 그는 정색을 하고 "나는 늙었지만 나에게는 자식도 있고 손자도 있다. 그 손자는 또 자식을 낳아 자자손손 한없이 대를 이어 가겠지만 산은 더 불어나는 일이 없지 않는가. 그러니 언젠가는 평평하게 될 날이 오겠지."하고 대답하였다. 스스로 총명한 채하던 지수는 이 말을 듣고 더는 할 말이 없었다. 손에 뱀을 쥐고 다니는 산신령이 이 일을 알고 늙은 우공이 산을 끝없이 파 해칠 것이 염려되어 상제에게 고하게 되었다. 그러자 늙은 우공의 정신에 감복한 상제는 힘센 대력신(大力神) 둘을 속세로 보내어 그 산들을 등에 업고 하나는 삭방의 동쪽에, 하나는 옹주의 남쪽에 옮겨놓았다.

그 후로는 기주와 한수의 남쪽에는 그 곳을 가로 막는 높은 산이 없어지게 되었던 것이다. 우공이산은 우직할 정도의 은근과 끈기, 인간의 집념을 나타내는 고사성어로, 이와 유사한 뜻을 지닌 마부작침(磨斧作針)이나 수적천석(水滴穿石)이란 말도 있다. 자기의 행복만을 추구하던 사람은 실의에 빠지고, 남의 행복을 위하여 자신을 바친 사람에게는 결국 행복이 되돌아간다. 성실히 일하는 것은 더없이 귀중한 것이요, 모든 일에 정성을 다하는 것이 자신의 몸을 보호해주는 것이다. 성실한 사람의 하루는 게으른 사람의 몇 년 보다 낫고 모든 일에 최선을 다하면 못 이룰 일이 없다고 했다.

쉬지 않고 꾸준하게 끈기와 집념을 가지고 한 가지 일에 열심히 하면 마침내 큰일을 이루어 낼 수 있다. 이에는 타인을 배려하는 마음까지 지니게 되면 그야말로 금상첨화일 것이다.

경쟁의 진정성

언제나 진 자는 이긴 자의 종이 되는 법이다. 그래서 모든 사람들은 반드시 이기려고 안간힘을 쓴다. 그러나 어차피 승자와 패자는 있게 마련이다. 그러면 참된 승자는 누구인가 하는 것이 문제이다. 즉 승리의 정의를 생각해야 한다는 말이다. 보통의 경우 이긴다는 것은 외적이고 물리적이며 현재적인 이김만을 생각하는 경우가 많다. 그래서 폭력을 쓰거나 무력을 동원하는 경우도 있다. 그렇지만 당장 눈앞에 보이는 것만이 진정한 승리가 아니다.

1941년 12월 8일 일본은 평화의 땅, 지상 낙원이라고 말하는 하와이의 진주만을 무력으로 기습 공격하여 수천 명의 미 해군을 죽였고 많은 군함들을 침몰 또는 파괴시켰다. 일본은 승리한 것으로 생각하고 기뻐하였으나 이것이 태평양전쟁의 시작이었던 것이다. 미국을 비롯한 연합군은 계속 지는 것 같았다. 그러나 미국인들은 전쟁에 나갈 때마다 "진주만을 기억하라.(Remember Pearl Harbor")라고 외치며 전투에 임했다. 일본은 패전국이 되었고, 미국은 승전국이 되었다. 우리 민족의 비극인 6·25사변도 마찬가지다. 1950년 6월 25일 새벽에 기습 공격한 공산군은 개전 초기에는 완전히 승리한 것 같았다. 그러나 누가 이겼는가? UN군의 도움으로 그렇게 빼앗기고 다시 탈환하며 3년간 총 1129일 동안 전쟁이 일어났습니다. 지금은 휴전중이죠. 옛날 그리스도인들은 로마 제국에 학살당하면서 전멸하는 것 같았다. 로마는 승자요, 그리스도인들은 패자처럼 보였을 것이다. 그러나 로마는 망해 없어졌고 기독교는 번성하고 있지 않은가! 특히 그리스도인들이 많이 죽어가던 로마 한 복판에는 바티칸 천주교 교황청이 있고, 원형극장에서 무참히 죽음을 당하던 바로 그곳, 황제가 앉아서 그리스도인들의 죽음을 보고 즐기던 그 자리에 지금은 대형 십자가가 서 있음을 보게 된다.

십자가를 지고 운명한 그는 완전히 패배자였던가? 그리고 유대인, 로마인은 승자였던가? 3일 후에 승자와 패자가

뒤바뀐 것이다. 여기서 진정한 승자와 패자는 결정되었다. 당장의 것이 아닌 '내일을 보는 삶'을 사는 자가 승자가 된 것이다.

1997년 '미국 아마추어 골프 챔피언십'의 최종 승부는 '스티브 스콧'과 '타이거 우즈'간의 박빙의 승부로 치러졌다. 손에 땀을 쥐게 하는 접전이 오가는 경기였다. 18번 홀의 연장 마지막 홀, 서로 동 타를 이룬 가운데 스콧이 먼저 퍼팅을 할 차례였다. 우즈의 공이 스콧의 퍼팅라인 위에 놓여 있어 우즈는 원래 놓여 있던 자리에서 약간 떨어진 곳에 공의 위치를 표시하고 공을 집었다. 그런 다음 스콧의 퍼팅하자 공은 홀컵을 아주 살짝 비껴갔다. 이어진 우즈의 퍼팅 차례다. 그는 조심스럽게 주위를 둘러보며, 가능한 모든 각도를 점검하는 듯 보였다. 그리고 마침내 퍼팅할 위치를 잡고 섰다. 이제 공을 치기만 하면 되는 순간이었다.

바로 그때 스콧은 조용히 우즈에게 다가가 공이 놓여야 할 자리는 그곳이 아니라 약간 떨어진 곳이라고 조언을 해줬다. 우즈는 스콧의 말을 듣고 공의 위치를 정정했고 공은 홀컵으로 완벽하게 빨려 들어갔다. '서든데스(sudden death)', 연장 홀 승부에서 우즈가 스콧을 단 한 타 차로 누르고 우승하는 순간이었다.

어릴 적부터 과도한 경쟁사회 속에 내몰린 아이들의 미래가 승자만 인정하는 냉혹한 세상이라고 생각하면, 잠이 오지 않는 부모님들도 적잖이 있을 것이다. 세상 모두가 스콧처럼 양심에 따라 살진 못한다. 어쩌면 양심에 따르고 싶어도 따르지 못하는 사람들이 대부분일 것이다. 그러나 세상이 우승한 우즈보다 스콧을 알아준 것처럼 아이들에게 경쟁의 진정한 의미부터 교육한다면, 1등보다 값진 꼴찌가 더 칭찬받을 수도 있다. 이런 교육을 통해서 우리들은 진정으로 인정하는 승자로 아이들을 키울 수 있을 것이다

모순(矛盾)

살다보면 좋은 일이 겹쳐서 온 적도 있지만, 나쁜 일이 엎친 데 덮친 격으로 몰려 올 때도 있게 마련이다. 살아가면서 인간은 누구나 상실의 공허함과 그로 인해 야기되는 연민은 일종의 숙명인 것 같다. 그럴 때마다 항상 평정심을 잃지 않고 세파에 함부로 휩쓸리지 않으려 노력했고 지속적으로 노력한다. 주어진 암반을 주춧돌 삼아 기둥의 높낮이를 달리하며 세워진 옛 성터처럼 말이다.

중국 전국시대는 많은 영웅들이 자리 잡고 세력을 떨치던 시대였다. 이런 때였던 만큼 무기의 수요가 급증하고 잘 팔렸다. 이 무렵 거리에서 방패와 창칼을 파는 사나이가 있었다. "이 방패(盾)는 유명한 대장장이가 만든 특제품으로 제 아무리 강철로 만든 날카로운 창칼이라도 이 방패를 뚫을 수는 없습니다. 위급한 일을 당하여 후회하지 말고 이 기회에 사 두십시오." 한바탕 외치고 나서 방패를 내려놓고, 이번에는 창칼(矛)을 번쩍 들어 "자, 여러분! 이번에는 이 창칼을 보십시오. 청옥을 쪼갠 듯한 이 날카로운 칼날은 만에 하나도 얻어 보기 힘든 최고품입니다. 어떤 방패라도 이 창칼을 막아내지는 못합니다. 내 말이 거짓말 같으면 누구든지 무슨 방패라도 가지고 와서 맞서 보십시오. 단번에 꿰뚫지 못한다면 당장 이것을 그냥 드리겠습니다."

처음부터 사나이의 등 뒤에서 묵묵히 듣고 있던 한 노인이 큰 기침을 하고 앞으로 나와 "방금 당신의 말을 듣자하니 이 방패는 어떤 창칼로도 뚫을 수 없고, 이 창칼은 또 어떤 방패로도 막을 수 없다고 하였으니 그러면 이 방패와 창칼로 서로가 싸운다면 그 결과가 어떻게 되겠소?"하고 따지자 그 사나이는 그만 말이 막히고 말았다. 얼굴색이 붉으락푸르락하던 그 사나이는 물건을 챙겨들고 자리를 뜨고, 군중들은 폭소를 터뜨렸다.

여기서 생겨난 '모순(矛盾)'이란 말은 사리에 어긋나는 말이나 행동 또는 일을 일컬을 때 혹은 앞뒤가 서로 일치

되지 않을 때 쓰인다. 모순은 곧 유와 무, 긍정과 부정 등과 같이 중간에 존재하는 것 없이 대립하여 서로 존재하지 못하는 관계를 말한다.

따지고 보면 세상에는 많은 모순이 있다. 우리는 이와 같은 모순 속에서 생활하며 살아가고 있다. 선과 악, 미와 추, 기쁨과 슬픔, 만족과 불만, 자유와 억압 , 용맹과 두려움 등이 있다. 이러한 근원적인 인간문제는 그만 두고라도 우선 나에게 모순적인 행동이나 말, 나아가 모순적인 일은 없는가? 깊이 반성하면서 자신의 생활에 있어 모순이 없도록 힘써야 할 것이다. 결코 우리 모두는 사리에 어긋나는 생활을 해서는 안 된다.

우리는 양심의 만족보다는 명예를 얻기에 바쁘다. 그러나 명예를 손에 넣는 가장 가까운 지름길은 명예를 위한 노력보다는, 양심을 위하여 노력하는 데 있다. 내 양심에 모순 없이 만족한다면 그것이 바로 가장 큰 명예가 될 것이다.

감사쓰기와 인간관계

주말 친구들과 산행에서 흰 백색의 아카시아, 찔레꽃, 분꽃, 탱자 꽃 들이 향기를 뿜어낸다. 5월은 은은한 향기 뿜는 꽃 같은 5월의 삶이었으면 좋겠다. 녹음 방창하고 어린이 날, 어버이날, 스승의 날, 석가탄신일 등 공휴일도 많이 주어지고, 하나님께 무언가 감사하고 싶은 좋은 절기다. 요즘 와이프가 맛있는 샐러드 해 주어서 먹는 중인데 꽤나 맛있어서 잘 먹고 입맛도 좋아지는 것 같다. 감사합니다. 잘 먹었다고 했다.

지난 2017년에 발표된 연구에서 감사 쓰기가 인간관계에 긍정적인 영향을 미친다는 것을 밝혔다. 이 연구에서는 77명의 참가자들을 대상으로 2주 동안 매일 감사 일기를 쓰도록 했고 그 결과, 참가자들은 인간관계에서 더 많은 지지와 친밀감과 더 적은 갈등과 걱정을 느꼈다는 것이 확인되었다. 그리고 자신에게 긍정적인 영향을 미치는 것도 확인했다. 직장에서의 감사 쓰기를 했는데 직장에서도 인간관계에 긍정적인 영향을 미칩니다. 일부 기업에서는 감사쓰기를 권장한다. 예를들면 미국의 한 기업에서는 매일 아침 회의에서 일어난 사건과 누군가에게 감사의 마음을 표현하는 시간을 가져서 자아존중감과 대인관계를 개선하는 데에도 큰 도움이 된다고 확인되었다.

가정에서 부부가 감사쓰기를 하면 어떻게 될까? 2018년 발표된 연구에서 부부들에게 1주일 동안 매일 감사 일기를 쓰게 지시했더니 서로 더 친밀해졌고 결혼 만족도도 높아졌다. 우리 부부도 감사쓰기 하면서 서로 감사한 마음으로 대하고 서로를 인정해 주고 웃음이 많아졌다. 감사의 마음은 서로 관계를 돈독하게 해주고 마음이 하나로 연결되는 느낌이 되고 신뢰와 존중이 더욱 깊어지고 서로 간의 관계를 더욱 강화시킬 수 있다. 감사의 마음은 내 자신에게 긍정적인 영향을 끼치고 긍정적인 생각과 감정을 느끼게 되어 자신감을 불어 넣고 긍정에너지를 얻을 수 있다. 이러한 연구사례로 보면 감사 쓰기는 우리 인간관계에 굉장히 중요한 역할을 한다. 서로에게 감사의 마음을 전하며 서로관계도 좋아지는 걸 알 수 있다.

감사쓰기는 우리 인간관계를 개선하는 데 매우 효과가 높다. 우리는 서로에게 감사의 마음을 전하고, 서로 간의 관계를 더욱 강화시킬 수 있다. 포스터는 자신의 연인에게 감사쓰기로 자신의 감정을 표현 해 봤는데 그 결과 자신의 연인은 더욱 사랑 받는 느낌을 받고 서로간의 관계가 더욱 깊어졌다. 또 연구논문을 통해 인간관계를 개선하는데 효과적은 방법임을 확인할 수 있다. 로버트 에모스와 마이클 맥컬리는 긍정적인 감정과 인간관계를 개선하는데 매우 효과적이라는 것을 연구했고 감사쓰기를 한 그룹이 더욱 긍정적인 감정을 느꼈고 인간관계가 좋아졌다. 2014년 제니퍼 체이드와 그녀의 동료들은 감사쓰기가 우울증을 예방하는 데도 효과적이라는 것을 연구했다. 감사쓰기를 한 그룹이 우울증 증상이 더욱 적었다. 이러한 연구 결과들을 통해 우리는 인간관계를 개선하는데 매우 효과적임을 확인 할 수 있다. 우리는 서로간의 관계를 더욱 깊게 만들기 위해 감사쓰기를 적극적으로 실천해 보시길 강추 한다. 지인들께 직접적인 감사를 표현할 때 서로의 신뢰도가 높아집니다. 예를 들면 '오늘 도와준 일이 저

한테는 큰 도움이 되었어요. 감사합니다.' 하면 된다. 일상 생활에서 느낀 감사의 순간을 메모해 주고 상대방에게 전하는 방법이 있는데 감사메모를 상대방에게 전하면 자신이 누군가에게 필요하고 중요한 존재임을 느끼게 됩니다. 짧게라도 감사를 써서 전달하면 관계가 깊어지고 신뢰도가 상승하는데 효과적이다.

먼저, 가족에 대한 감사이다. 우리는 가족과 함께 삶을 살아간다. 하지만 때로는 가족에 대한 감사를 표현하지 않고 당연시 여길 때가 많다. 우리는 가족과 함께 삶을 살아가는 것이 얼마나 소중한 일인지 며칠간의 여행을 떠나고 나면 절실히 느끼게 된다. 내 곁에 있을 때 소중함을 알고 더 자주 감사를 표현해 봅시다. 예를 들면 가족들이 지금 내 곁에 있어서 늘 힘이 되어 주고 함께 웃을 수 있어서 감사합니다. 당신은 존재 자체만으로도 감사한다. 둘째, 친구에 대한 감사이다. 우리는 친구와 함께 추억을 만들고 삶은 나누며 지내는 것이 얼마나 소중한지 알고 있다. 하지만 때로는 친구에 대한 감사를 표현하지 않고 당연시 여기기도 합니다. 감사 쓰기를 통해 우리는 친구와 함께 나누는 삶이 얼마나 행복하고 의미 있는 것인지 깨닫게 된다. 예를 들면 친구와 함께 봄꽃들을 보면서 진한 커피를 마시고 행복하고 즐거운 수다 시간을 가져서 감사한다. 셋째, 나 자신에 대한 감사를 해본다. 우리는 자신에 대한 감사를 표현하면 자신감과 긍정적인 마운드를 강화할 수 있다. 예를 들면 '나는 오늘도 분주하고 힘든 일상이었지만 열심히 살아내고 최선을 다해서 정말 고맙다. 하루도 감사렌즈를 끼고 감사에 집중하며 살아줘서 고마워. 늘 배움의 자세로 매일 복리로 성장하려고 애쓰고 열심히 배움을 실천하고 남에게 선한 영향력을 흘려보내서 고마워.'하고 자신을 꼭 안아준다.

결론은 감사 쓰기는 인간관계에 긍정적인 영향을 미치고 관계를 좋게 한다. 감사의 마음은 사람들과 더 가까워지고 서로를 더 잘 이해하고 존중하고 신뢰감이 높아진다. 지금 감사노트를 준비하시고 감사렌즈를 끼고 감사 습관을 만드시고 주변 지인들과 감사쓰기를 하시고 행복을 누리시길 축복합니다.

제 2부

돈키호테와 햄릿

유엔기념공원 통역 봉사

오늘 출근하려고 집을 나설 때 마당의 감나무를 보니 직박구리 한 마리가 홍시를 쪼아 먹고 있었다. 계절은 어느덧 만추를 지나 겨울의 문턱에 성큼 다가선듯하다. 생명의 마지막 흔적은 나뭇가지위에서 단풍이 되었다가 이제 시들어 가고 있는 것인가. 겨울은 자연의 땅이라는 케이크 위에 듬뿍 발린 얼음 크림처럼 찾아오는가 보다. 매주 목요일 UN 기념공원의 기념관에서 통역봉사 활동을 즐거운 마음으로 해 오고 있다. 오늘 기념공원에 들어서면서 늘 느끼지만 잘 정돈된 정원, 쾌적한 환경과 한국전쟁 참전국의 국기들을 볼 수 있어 기분이 좋다.

나는 통역봉사를 위해 기념관에 도착하면, 내 평생에 하루뿐인 오늘에 먼저 감사했다. 우리는 오직 하나밖에 없는 존엄한 생명을 가지고 단 한번뿐인 삶을 살고 있다. 산다는 것은 아름답고 그 자체로 고귀한 것이다. 오늘은 조금 일찍 집에 도착하여 그동안 재미있고 보람 있었던 일을 정리해 보았다.

자주 있는 일은 아니지만 지난 2017년 9월 6. 25 전쟁 당시 UN군이었던 네덜란드 참전용사 유해 안장식이 UN기념공원에서 있었다. 유족대표인 네덜란드 대사는 추도사에서 '한국은 그에게 고향과 같은 곳이라고 했다. 전우들이 잠든 땅에서 함께 평화를 누리시길 빕니다.'라고 떨리는 목소리로 말할 때, 가야금으로 아리랑이 울려 퍼졌다. 유족들, UN기념공원 관련 직원들과 통역봉사를 하는 우리의 눈시울을 뜨겁게 했다.

해마다 7월 위트컴(Richard S. Whitcomb)장군 추모식이 위트컴 희망재단 주최로 유엔기념 공원 추모관에서 있었다. 유엔기념 공원 안장자들 중 최고의 계급인 위터컴 준장은 한국전쟁뿐 아니라 우리나라를 사랑한 업적과 특히 부산을 위해 그가 베푼 은혜를 다시 기억하고 감사하며 추모식을 관람했다.

올해도 크리스마스 전에 캠벨에이시아 초등학생이 그녀의 가족과 함께 6.25 참전국 22개국과 한국을 위한 23개의 LED 양초를 준비했다. 그 소녀 가족은 네덜란드의 추모의식에서 힌트를 얻어 유엔군의 숭고한 희생이 오래 기억되길 바라며 크리스마스 날 유엔기념 공원에서 촛불을 밝혀서 화제가 되었다.

2019년 2월 영국군 참전용사 고 윌리엄 스피크먼의 유해가 유엔공원에 안장되었다. 안장식에는 유가족과 주한 영국대사, 유엔부사령관, 국가보훈처 차장, 한국인 참전용사 등이 참석하셨다. 지난해 향년 90 세로 별세한 그는 한국전쟁 당시 여러 전투에서 공을 세웠다. 영연방 최고 무공훈장인 '빅토리아십자훈장'을 받았고 한국정부 최고 무공훈장(태극)을 받았다. 한국전쟁에 공을 세워 빅토리아 십자훈장을 받은 영국군 참전용사 4명중 3명이 유엔기념공원에서 영면에 들게 되었다.

이따금 있는 일이지만, 며칠 전에도 미국인 부부, 할아버지와 할머니가 오셔서 통역봉사를 하는 중에 부인의 선친이 6. 25전쟁에 참전했다며 이름을 거명했다. 확인 후 사무실에 가서 홍보과장님께 소개하고 기념품을 받아 가면서 즐거워했다.

엊그제는 미국인들과 터키인들이 관광차 여행을 와서 안내 차 같이 온 우리나라 목사님 두 분, 영어교사 두 분과 더불어 열띤 토론이 벌어졌다. 토론의 주제는 우리나라 6.25 당시 UN 군 각국의 젊은이들이 한국이 어디 위치하는지, 어떤 나라인지도 모르면서 목숨을 걸고 참전했다. 그 이유가 무엇인가? 질문의 답으로 미국인들은 그것은 세계 평화를 위해서다. 공산국가를 증오하고 그들이 싫다. 터키인들은 침략은 용서 못한다. 등 여러 가지 답변이 나왔다. 결론은 비슷하고 유사한 답이지만 '자유'였다. 즉, 당시 선진국의 젊은이들은 무엇보다도 우리 선조들이 수천 년에 걸쳐서 피, 땀, 눈물로 쟁취한 소중한 '자유'를 박탈하려는 침략군 무리는 결코 용서 할 수 없었다는 것이다. 나 역시 그들의 희생에 감사하며 동의했다.

매년 11월 11일은 '턴 투워드 부산'(Turn Toward Busan)의 날이었다. 11월 11일 오전 11시에 맞춰 1분간 세계가 하나 되어 지구촌 곳곳에서 부산을 향해 묵념을 하게 되는데, 부산에 유엔기념 공원이 있기 때문이다. 참전용사들이 묻힌 부산 유엔기념 공원을 생각하면서 평화의 소중함을 기리자는 것이다. 한국전쟁에 참전한 캐나다 인 빈세트 커니트씨의 제안으로 턴 투워드 부산행사가 2007년 시작됐다.

지난해 부산시가 참전용사를 기리는 '부산 유엔위크(Busan UN Week)'를 처음으로 지정하는 등 턴 투워드 부산행사의 규모가 확 키워져 눈길을 끌었다. 지난 몇 해를 통역봉사를 하면서 흥미 있고 보람 있었던 일을 상기하며 느낀 점을 간단히 정리해 보면서 보람차고 즐거웠다는 생각을 지울 수가 없다. 아울러 이곳에 영면하신 모든 분들에게 무한한 감사와 존경을 보내 드린다.

이번 시민성금 모금 안내를 보고 워트컴 장군 기념비 세우기 (사)국제평화기념사업회 주관 모금운동에 나도 성의껏 동참해서 기분이 좋다.

지난해 국가보훈처장에서 2023년 6월 초대 보훈부장관으로 승격되었다. 보훈부장관은 인터뷰에서 세계 유일의 유엔군 추모시설인 유엔기념공원을 핫플레이스로 대변화를 예고했다.

소탐대실

과거나 미래에 집착해서 나의 삶이 손가락사이로 빠져나가게 하지 말자. 지금 현재가 가장 중요하니까! 운명적인 것은 어쩔 수 없는 것이라 생각되고 돌이킬 수 없는 것이기 때문에 그기에 한 순간도 머물 수 없는 것이며, 미련을 두지 말고 용기를 가지고 성공한다는 확신을 그리면서 앞을 치고 나가야만 했다. 공무원 시험에 합격하여 주간에는 공무원으로 근무하고 야간대학을 다니는 주경야독의 어려움을 감수하며 다시 공부하기 시작했다. 적극적인 사고방식을 가지고 과감하게 승리를 향해 힘차게 나가는 것이 최선이라 생각되었다.

주경야독의 결과는 대학졸업 때 좋은 친구의 알선 덕분에 그가 다니는 외국인 선박회사에 취업했다. 결국 나의 생은 부모 형제를 탓하기 전에 나 자신이 아둔해서 그렇게 순탄하지 못했다고 생각한다. 중매로 현재 살고 있는 사랑하는 아내와 결혼 후 부모님이 남겨주신 감만동 옛날 우리 논에 집을 지었다. 나의 보금자리가 좌청룡, 우백호와 배산임수를 갖춘 명당을 바랐던 것은 아니지만 그래도 남향에 가깝고 햇빛이 잘 드는 곳이라 좋았다.

되돌아보니까 그 당시 선박회사가 전성기라 일이 힘들어도 재미는 있었다. 다만 토, 일요일 없이 근무한다는 것이 비록 월급은 나을지라도 아무래도 시간적 여유를 가지고 일요일은 휴식을 가지면서 생활하고 싶었다. 돌아가신 아버지의 유언대로 현실에 안주하지 말고 목표를 정하고 주도적으로 공부를 좀 더 해야 되겠다고 마음먹었다. 내가 노력을 멈추지 않는 한 아무 것도 진정으로 끝난 것은 없으니까. 내가 어렵게 공부했을 때를 상기하면서 배우는 학생들에게 더 잘 가르쳐 줄 수 있는 방법을 연구하고 배우고 싶었다.

그래서 우리 문중에서 설립한 학교로 이직하였고, 그곳에서 몇 년간 열심히 가르치고 근무한 후에 교사직을 계속하면서 야간대학원을 다니기로 결심했다. 지도교수님과 동료 선생님들에게 수고로움을 끼치고 힘겹게 석사과정을 마쳤다. 다시 2년이 지난 후 박사과정에 도전하여 합격하면서 지도교수님과 심사위원 이신 여러 교수님들의 가르침, 지도와 도움에 더해서 동료 선생님들의 협조 덕분으로 박사과정도 간신히 마쳤다.

대학에 교수로 가는 길도 있었지만, 그것보다는 현실적으로 내 자신의 능력을 생각해 볼 때 교사가 내 능력에 부합된다고 판단했다. 그래서 문중에서 설립한 학교에서 부족한 저를 여러 선생님들과 여러 문중 어르신들께서 협조해 주신 은덕으로 무사히 교감을 거쳐 교장으로 임기를 마치고 정년퇴임을 하였다. 정년퇴임 후 자신의 잘, 잘못을 돌이켜 보고 잘한 것은 더욱 더 잘하도록 하고 잘못한 점들은 반성하면서 앞으로 남은 삶을 잘 지낼 수 있는 방법을 찾아보자고 다짐하고 노력하고 있다.

누구나 자신만의 트라우마를 안고 살아가고 있다. 물론 고통스러운 기억아래 묻혀 있던 나를 찾아서 거기에 밝은 햇빛과 맑은 공기를 쐬어 주는 일은 결코 쉽지 않다. 때론 길을 잃을 수도 있고, 감정의 소용돌이에 휩싸여 버릴 수도 있다. 혼자 힘으로 과거의 영향에서 벗어난다는 건 그만큼 힘들다고 본다. 자기 인생의 주인이 되어 현재에 충실하고 미래를 긍정적으로 살아 갈 수 있다고 여겨진다. 그러기 위해서 우리는 궁극적으로 선과 행복을 향해 신념을 가지고 나아기리라는 확신이 중요하다고 본다.

죽는 날 까지 배우며 생각하고 나아가 봉사하면서 지혜롭고 용감하게 생활하기로 명세했다. 홀로라는 고독, 우울과 관계상실 등의 아픔과 슬픔을 떠나보내고 그 상실의 아픔으로부터 새로운 의미를 이끌어내야 한다.

신이 아닌 이상 인간은 누구나 완벽할 수 없다. 아리스토텔레스의 말처럼 "사람은 반복적으로 무언가 행하는 것에 따라서 판명된 존재."이기 때문이다. 나 자신이 아둔하다는 것을 인정하기를 두려워 말아야 한다. 적극적인 사고로 살아야지라고 수차 명세하면서도, 돌이켜 보면 나를 구속하는 것이 바로 이 맹세에서 오는 두려움이다. 위험에 부딪히기를 두려워 말고, 적극적인 사고를 가지고 용기를 배우고 실천할 수 있는 좋은 기회로 삼아야 된다. 사람이 가장 필요로 하는 감정은 주위의 다른 사람들이 진정 고맙다고 느끼는 감사하는 마음이다.

자신의 운이 좋지 않아서 바둑에서처럼 소탐대실하지 않았는가 생각해 본다. 지난날의 금전적인 손실과 노력은 두고라도 몸 건강하고, 적어도 생활해 가는데 큰 지장이 없었으면 하고 간절히 바랄 뿐이다.

상호 의존적 자세

교직생활을 할 때도 그랬지만 퇴직 후 요즈음은 더욱더 조상님들에게 감사를 드린다. 이따금 밤하늘에 달과 별을 보고 그렇구나! 조상님은 역시 내 마음에 살아 계셨구나! 윗대 선조들의 가르침이 무의미하다고 생각해 본적은 없다. 조상님들에게는 진정 미안한 일이지만 몇 해 전만 해도 부모님 제사 때면 형제들이 모인다. 부모님의 제사 때면 아버지의 말씀이 생각난다. "사람이 죽으믄 그만이제, 그러나 답대비, 그 놈의 잊임이란 것이 흘해서 제사 때가 닥쳐와도 무심하니, 제사도 없다믄 죽은 사람 생각이나 해 보겄나!?"

어머니는 며느리 들을 보고,

"아이고 이 가난 속에서도 임석은 멋 땜에 그리 장만하는지?!"

아버지도 엄마보고,

"에잇, 빌어먹을! 머 할라꼬… 하면서도,"

아버지가 제사를 지극 정성 것 모시는 것을 늘 옆에서 보아 왔다.

그래서 나는 거의 홀로 부모님의 백일탈상을 할 수가 있었다. 그러나 현재 계시는 형님들은 제사를 중요시 하지 않는다. 이것은 근본적으로 반성해야 될 일이라 생각된다. 이유는 종교 때문이라고 한다. 나는 종교를 믿지는 않지만, 그 종교가 가진 장점들은 다 좋다고 생각한다. 그러나 종교를 빙자하여 제사를 등한시하는 것은 아니라고 생각된다. 어느 종교나 조상을 모시는 제사를 지낸다고 알고 있다. 이제 제사를 주관하던 큰 형님도 돌아가시고 지금은 조카들과 내가 제주가 되어 성의껏 제사를 모시는 형편이 되었다.

지나고 보니 모든 학문은 책에만 있는 것이 아니고 실생활에 깔려 있다는 것이 더 절실해 졌다. 자신의 주변 청결, 봉사, 정직, 예절, 위아래 사람과의 관계를 원만하게 하는 것, 대인관계 모든 것이 수양이면서 집중하고 노력하는 공부라 생각된다. 시간이나 말을 함부로 사용하지 말아야지 둘 다 다시는 주워 담을 수 없으니까 시간을 중시하고 늘 말은 삼가야 되겠다.

이 제사 문제도 원만하게 해결해야 되는 우리 집안의 시련이자 고통이라 여겨진다. 시련과 고통은 우리를 단련시키고 더 깊이 보고 더 넓게 보는 혜안을 길러주기 때문에 우리가 인생을 한걸음 물러서서 관조할 마음의 여유를 갖게 해준다고 위안을 가져 본다. 그러므로 인간은 안 좋은 일에 집착하여 우울함속에 있지 말고 밝고 긍정적인 사고로 인간의 나약함을 인정할 때 우리는 자책으로부터 벗어날 수 있는 것이다.

아름답게 늙어 간다는 것은 용서하고 칭찬하면서 마음을 고요히 비우면서 살아야 된다고 한다. 인간다운 어른이 된다는 것은 때로는 불쑥 튀어 나오는 욕망의 가지를 피를 토하는 아픔으로 잘라내는 일이라 여겨진다.

인생은 어쩌면 경주가 아니라 그 길을 음미하는 여행이다. 따라서 우수성이란 단일 행동이 아니라 바로 습관이다. 그래서 삶이란 본질적으로 볼 때 수양이 필요하고 매우 상호 의존적이라 생각된다.

그동안 형님들의 근황은 일본 큰형님, 둘째형님, 다섯째 형님과 누님 두 분이 돌아 가셨고, Y형은 그 때 원양어선의 선장으로 거액의 돈을 벌어서 부동산에 투자를 해 두었던 것이 지가 상승으로 인하여 엄청난 돈을 벌고, 서울로 이사를 간 후에, 그 당시 부산과 서울에서 부동산에 투자하여 많은 돈을 벌었지만 운수가 좋지 않아서 실수하여 재산을 대부분을 잃었다고 한다. 재산을 잃어도 건강에 유념하게 여생을 잘 보내시길 바랐지만, 지난해 돌아가셨다.

두려움을 극복하라 2

우리는 두려움 때문에 용기를 잃고 앞으로 나아가지 못하는 경우가 많다. 실수를 하는 것에 대한 두려움, 결정을 내리는 것에 대한 두려움, 현 상황이 바뀌는 것에 대한 두려움, 실패에 대한 두려움과 성공에 대한 두려움 고비마다 두려움이 있다. 두려움의 종류는 굉장히 다양하다. 아주 귀한 정보가 담긴 이메일을 삭제했다면 이 사태를 어떻게 풀어야 할까? 실수는 돌이킬 수 있다고 생각하고 우선 걱정을 멈춰야 한다. 실수에 연연하지 마라.

실수를 저질렀다고 그 사람 자체가 실패작인 건 아니다. 능력보다 자존심이 더 소중할 수도 있다. 신은 우리가 이해하지 못하는 일도 하시지! 때론 잘 알 수가 없다. 어제 일은 비밀로 했는데 오늘 생각하니 이번엔 특별히 더 이해가 안가네요. 경과보고서는 한번 읽고 잘못된 부분을 손보는 것으로 충분하다. 그건 별로 중요한 일이 아니다. 그 일을 완벽하게 해 내려고 지나치게 많은 시간을 쏟으며 여러 번 점검하다 보면 고칠 필요가 없는 부분까지 손보게 된다. 용기를 내어서 한 번에 일을 끝낼 수 있는 자신의 능력을 믿어라. 모든 일을 완벽하게 할 수는 없는 것이다.

세상의 온갖 두려움을 전부 느끼지는 않지만 대개 잡동사니 중독자들은 몇 가지의 두려움을 반드시 가지고 있다고 한다. 일반적으로 헝클어진 생활과 관련이 있으리라고 꿈에도 짐작하지 못하고 있다. 흔히 인간은 즐거움을 추구하고 두려움을 피하는 게 본능이라고 생각하기 쉽다. 우리는 두렵다고 하면서도 오히려 두려움을 즐기는 경우가 많다. 공포영화를 즐겨 보고, 스릴 넘치는 놀이기구에 올라타서 환호성을 지르고, 낯선 땅을 탐험하고 여행하기를 바라기도 한다. 더 나아가 번지점퍼나 스카이다이빙과 같은 위험한 스포츠를 즐기는 사람이 점점 늘고 있다. 왜

이들은 이토록 위험한 행위를 즐기는 것일까? 아마도 인간은 두려움을 회피하도록 설계되어 있는 동시에 두려움을 극복하고 뛰어 들 때 가장 큰 즐거움을 느끼는 것 같다. 이를 연구한 미국 캘리포니아 대학교의 에두아르도 안드레이드(Eduardo B. Andrade)교수와 플로리다 대학교의 조엘 코헨(Joel Cohen)교수는, 두려움과 즐거움은 상반된 감정이 아니라 매우 가까운 감정이라고 주장했다. 그렇기에 어떤 경험에서 가장 기쁜 순간은 정작 두려움을 가장 크게 느낄 때이며, 정작 두려움이 없으면 즐거움도 크지 않다는 것이다.

우리는 두려움을 두려워한다. 두려움이 삶과 영혼을 파괴한다고 생각하기 때문이다. 두려움에 사로잡혀 있을 때는 아무 것도 할 수 없을 것처럼 느껴진다. 그렇다면 생산적이거나 창조적인 사람들은 불안이나 두려움이 없을까? 그렇지 않다. 그들에게도 두려움이 영혼을 마비시킬 수도 있지만 반대로 생산성과 창조성의 원천이 되기도 한다. 동화작가인 모리스 센닥((Maurice Sendak)을 보자. 그는 겁이 많아서 이릴 때부터 늘 잡아 먹히는 두려움에 시달렸다. 그가 두려움에 벗어날 수 있는 유일한 길은 상상의 날개를 펼치는 것이었다. 그는 어른이 되어서도 상상의 세계를 놓지 않았기에 세계적인 동화 작가가 될 수 있었다. 소설가 베르나르베르베르도(Bernard Werber)도 작가가 된 동기가 '불안증' 때문이었다고 이야기 한다. 그는 엄청난 불안을 해소하기 위하여 열여섯 살 때부터 하루 5시간씩 꼬박꼬박 글을 써왔다고 고백했다. 절규(The Scream)로 유명한 화가 뭉크(Edvard Munch)도 다섯 살 때 어머니를 잃고 누이, 아버지 등 가족을 차례로 잃어가면서 평생 죽음의 공포와 불안에 시달렸다. 그가 이러한 불안과 두려움을 잠재울 수 있는 유일한 방법이 그림 그리는 것이었다. 그는 "나의 정신병은 내 그림에 도움이 된다. 내게는 그림이외의 가족이 없다."고 언급했다. 이들에게 두려움이란 창조성을 파괴한 것이 아니라 오히려 영혼 안에 깃든 창조성을 일깨워낸 원천이었다.

애니메이션 영화 〈굿 디아노〉에서 아빠 공룡은 반딧불을 보고 크게 놀라는 아이 공룡에게 이렇게 이야기 한다. "가끔씩 마음속에 있는 두려움을 이겨내야 건너편에 있는 아름다움을 볼 수 있단다." 우리 삶이 힘든 것은 어쩌면 두려움이 너무 커서가 아니라 두려움이 부족해서인지도 모른다. 조금이라도 더 나은 삶을 추구하려면 두려움을 이겨내고 날마다 조금씩이라도 현명해져야 한다. 그래서 살아가면서 우리는 숱한 고비를 넘기면서 뒤돌아보고 반성한다. 때론 무엇이 두려워서, 무엇을 더 얻으려고 그렇게 비겁하게 처신하는지 자신에게 묻고 싶다. 그리고 용감하게 도전하여 목표를 성공적으로 쟁취하면 될 것이다. 우리가 진정 두려워할 것은 두려움 그 자체 뿐 이다. 버트란트 러셀은 "두려움을 극복하는 것이 지혜의 시작이다."라고 했다. 두려움을 용기로 바꾸자면 두려움을 일으키는 대상을 외면하지 않고 마주 보는 것 그것이 모든 위대함의 시작이다. 그리고 작은 승리의 경험들을 쌓아 가는 것, 이 과정에서 두려움은 거대한 용기로 바뀐다고 한다. 그래서 두려움은 삶을 더 아름답게 만들어 준다.

경영학의 대가인 짐 콜린스는 위대한 기업을 연구하면서 리더들이 가지고 있는 특별한 성향을 발견할 수 있었다. 그들은 하나같이 '생산성 편집증(productive paranoia)'이라는 습관을 갖고 있었다. 예상과 달리 유능한 리더는 두려움을 느끼되 오히려 이를 무시하지 않고 면밀하게 살펴보고 그것을 준비와 행동으로 바꾸었다. 그렇기에 뜻대로 되지 않거나 예기치 않은 상황에 대비할 수 있었고, 이로 인해 위기 대처 능력이 뛰어 날 수 있었던 것이다.

우리는 늘 이분법의 틀에 갇혀 안과 밖을 바라본다. 우리는 두려움을 너무나 당연하게 부정적 감정이라고 여긴다. 고공 공포증으로 비행기가 떨어질 것 같은 두려움 때문에 비행기를 타지 못하는 경우는 '병적인 두려움'이며 파괴적이다. 반면에 인간은 동물에게 없는 '아름다운 두려움'을 가지고 있다. 이는 새롭거나 더 큰 세계를 스스로 나아갔을 때 느끼는 두려움이다. 학교에 입학했을 때, 누군가를 만나 사랑했을 때, 출산을 앞두고 있을 시, 낯선 여행 떠날 때, 스쿠버다이빙 할 때, 용기를 내어 진실을 외칠 때, 새로운 분야에 도전 했을 때 등 이런 유사한 것들로 우리의 가슴은 두근거린다. 호기심, 기대감, 당당함, 설렘 그리고 열정이 뒤섞여 우리의 내면을 출렁거리게 한다. 그리고 끝내 두려움을 넘어 섰을 때 우리 눈앞에는 지금껏 한 번도 마주하지 않은 새롭고 아름다운 풍경이 기다리고 있다.

부모님 탈상

전통적으로 친족이 돌아가셨을 때 그를 추도하기 위하여 일정한 기간 동안 활동을 자제하고 몸가짐을 삼가면서 집안에 빈소를 차리고 조석으로 밥과 나물 등을 차리고 향을 피우고 절하는 절차를 취했다. 옛날에는 3년 상을 지냈고, 그 후 일 년 상을 했고 다음 백일 상을 지나고 탈상을 했으며 그 다음에 절에서 49제를 지내면 마무리되는 것으로 변천했다고 한다.

그 당시 우리 부모님이 돌아가셨을 때는 보통 일 년 동안 빈소를 차렸는데, 그 후 그것이 간소화되어 우리는 백일로 탈상하기로 하였다. 그렇게 결정해 놓고서는 주변에 있는 형님들, 형수씨들마저도 직접 빈소에 절하는 것을 거의 보지 못했다. 결국 주도적으로 내가 매일 조석으로 빈소에 아버지, 어머니 밥을 올리고 향을 피우고 절을 했다. 도대체 9남매의 막둥이 인 내가 무슨 이유로 백일간이나 탈상을 위해 신경을 쓰고 조석으로 노력해야만 했는지 아직도 그 정확한 사연을 파악하지 못하고 있다. 한편으로 글을 쓰는 동안 부모님 생각이 간절하면서도 눈물은 나지 않는다. 생전 효자는 어려워도 사후효자는 흔하다는데 나는 사후 효자에도 끼이지 못할 위인인가 보다.

이 일은 막둥이가 할 일이 결코 아니라고 여겨진다. 산동네 형님과 평택형님은 멀리계시고 부모가 돌아가신 후 상속문제로 섭섭해서 별로 관심이 없었다. 원양어선을 타시든 Y형, 다섯째 형과 여섯째 형도 순차적으로 장가가서 독립을 했고 다시 원양어선을 타고 나가 버렸다. Y형은 동생들 중 다섯째와 여섯째 형들을 원양어선에 승선 하도록 주선해서 각각 항해사, 기관사로 배를 타도록 했고, 나에게는 계속 공부하도록 격려했다.

Y형은 장남의 대신 역할을 도맡아 했으며 특히 밑에 세 명의 동생에 대한 염려와 배려는 지극 정성이기도 했다.

너무 검소해서 자린고비라 친척 어른들에게는 되놈이라는 별명까지 듣게 되었고 형제들에게는 구두쇠로 통할 정도로 너무 인색했다. 상업계 고등학교를 나와서 진학을 꿈꾸는 것이 학교 교육과정이 다르기 때문에 힘들다는 것을 감안하고 Y형이라도 아둔한 나에게 입시학원이라도 신경을 좀 써 주었으면 좋았을 터인데 하고 일면으로는 섭섭하기도 했다.

그러니까 학원도 다니도록 하고 건강 체크 등 부모와 같은 마음으로 관심을 가지고 도와주었으면 하는 기대를 했는데 나를 믿어서 그런지 아니면 자기 사업이 바빠서 인지는 몰라도 형님이 그런 마인드가 없었던 것이 정말 아쉬웠다. 지나고 나니 그것은 나의 잘못이었고 너무 소극적이고 내성적인 성격이 문제였다고 반성해 본다. 일면으로는 검소하게 사는 것은 철저히 배운 것 같다.

"인생의 진정한 비극은 자신의 강점을 잘 활용하지 못하는 데 있다."고 프랭클린은 말했다. 어느 누구나 장단점이 있기 마련이고, 신이 아닌 이상 과오를 범하고 후회한다. 이웃 어진 아주머니 등의 도움도 있었고 해서 아무튼 백일탈상을 무사히 마쳤다.

이 넓은 천지에 내 몸 하나 의지할 곳이 없다는 생각이 가슴을 짓 눌렸다. 그렇다고 형님들이 존재하고 있으니 나에게 큰 도움은 못 주어도 그래도 형님, 형수님이 계시는 것은 물심양면으로 나에게는 힘이 되었다. 불안, 괴로움과 두려움을 주는 것은 누구나 가지는 것이니 결코 절망은 아니라고 생각했다.

동냥은 못 주어도 쪽박은 깨지 말라 했는데 독립하자는 것이 어디 잘못된 것인가? 너무나 절박한 궁지에서 헤어나지 못하고 나 자신의 처지가 많이도 괴로워서 울었지만, 차디찬 현실이 서러워 도리어 우스워 지기 까지 했다.

이런 친구가 멋지다

친구는 정답고 우정은 흐뭇하다. 정다운 우정은 저마다 서로 사랑하고, 격려하며, 충고하고 도우면서 정신의 향상과 성격의 성숙을 가져다준다.

나는 엊그제 친구들과 모임에서 별것 아닌 일에 서로 언성이 높아져서 말다툼하고 헤어졌다. 다음 모임 시 내가 잘못했다고 먼저 사과하고 잘 지내야 되겠다.

친구를 사귐에도 우도(友道)라는 말이 있는데 이는 친구로서 지켜야 할 도리요, 가야 할 길이요, 상호 존중해야 할 원칙이다. 친구 사이는 서로 거역할 수 없다고 하여 막역지우(莫逆之友), 물과 물고기의 사이라고 수어지교(水魚之交), 우정은 금처럼 견고하고 난초처럼 향기롭다고 하여 금란지교(金蘭之交), 그 외 죽마고우(竹馬故友), 문경지교(刎頸之交), 관포지교(管鮑之交) 등 우정의 중요함을 표현한 말이 많다.

예로부터 오무(五無)의 사람은 친구로 삼지 말라고 한다. 오무(五無)는 '무정(無情)' '무례(無禮)' '무식(無識)' '무도(無道)' '무능(無能)'을 말한다. 첫째 조건이 인정을 중시하여, 인간미를 강조한다. 프랑스 시인 '아벨 보나르'도 '우정론'에서 이상적인 우정의 가장 중요한 덕목을 "좋은 성품"이라고 말한 바 있다. 둘째, 인간은 유일하게 예의를 아는 동물이다. 양보해주는 마음, 속아주고 져주고 관용해주는 마음이다. 셋째, 학문연구는 인간만의 특권이다. 학문 수준이 있는 사람은 사고방식이 합리적이고 이해심이 깊고, 대개는 인격 수준도 높기 때문이다. 그래서 자기보다 너무 무식해도 안 되지만 너무 유식해도 부담이 된다. 넷째, 사람은 동물 중에서 유일하게 길을 따라 살아가는 동물이다. 예컨대 정치가나 사업가가 가야 할 길이 있고, 공직자가 가야할 길이 따로 있다. 다섯째, 인간은 상부상조할 줄 알아야 한다. 인생길을 살아가다 보면 많은 일은 내가 보는 것처럼 단순하지 않을 때가 많다. 그럴 때 친구를 도와주려면 인정만으로는 안 된다. 능력이 어느 정도 있어야 되고 적극성이 있어야 된다. 그래서 무능한 사람은 친구가 되기에 적합하지 않다. 커피를 잘 섞으면 향기가 나고 친구를 잘 만나면 힘이 난다. 무엇보다 내가 먼저 오무의 사람이 아닌지 사유해 볼 일이다.

어떤 친구가 주동적으로 밥값 계산을 하는 이는, 돈이 많아서 그런 것이 아니라 돈보다 우정을 소중히 생각하기 때문이다. 일할 때 주동적으로 하는 이는, 바보스러워서 그런 게 아니라 책임이라는 것을 알기 때문이다. 말싸움 후에 먼저 사과하는 이는, 잘못해서 그러는 게 아니라 친구나 주변의 사람을 아끼기 때문이다. 너에게 나서서 도와주려는 이는 너에게 빚진 게 있어서 그런 게 아니라 너를 진정한 친구로 생각하기 때문이다. 늘 너에게 정보를 주는 이는 한가하고 할 일이 없어서 그러는 게 아니라 마음속에 너를 두고 있기 때문이다. 관포지교의 고사에 보면 관중은"나를 낳아 키워준 것은 부모지만 나를 알아준 것은 포숙아이다."라고 우정을 강조했다. 참된 우정이란 이렇게 서로 장점을 보완하게 하고 단점을 시정해 줌으로써 마음속까지 털어놓을 수 있는 사이라야 한다. 이런 사이를 우리는 흔히 간담상조(肝膽相照)라고 한다. 고대 그리스의 작가 메란드로스(Merandros)는 "쇠는 뜨거운 열

속에서 굳어지고, 우정은 어려움 속에서 시험 된다."고 하였다. 유태인의 탈무드에 보면 '친구를 고를 때 한 계단을 올라서라'는 말이 있다.

나는 지금까지 무슨 일을 하거나 멋진 친구를 대함에 있어서 내가 먼저 좋은 친구가 되려고 노력해 왔는지 반성하며, 앞으로 더 노력해야 되겠다. 나만이 가지고 있는 선입견으로 판단을 하거나 그 선입견에서 비롯된 이기적인 관점으로만 보고, 듣고, 판단하지는 않았는지를 늘 반성해야 되겠다. 나아가 진실을 알지도 못한 채 친구에게 언행을 한 것이 없는 지 살펴보자.

우유부단 유유자적

“유유자적한 도시, 풍요로운 마을”이라는 뜻의 이탈리아어 ‘치타슬로(cittaslow)’는 즉석식(fast food)을 밀어내고 여유 식으로 바뀌면서 생겨난 신성도시다. 요즘은 주거환경도 도시보다는 농촌의 삶을 선호한다. 먹거리가 다소 비싸더라도 유기농법으로 재배된 농산물을 찾아다니고 천연, 프리미엄 등의 단어가 들어간 제품들이나 무항생제, 무농약, 무성장촉진제 등 무(無)자가 들어간 농작물을 일부러 찾아 선택한다.

여행상품도 ‘올레길 걷기’다. 이런 문화를 즐기는 사람들을 슬로비족(slobbie)이라 한다. 빠른 속도와 생산성만을 강요하는 빠른 사회에서 벗어나 자연, 환경, 인간이 서로 조화를 이루며 여유 있고 즐겁게 살자는 어찌 보면 당연한 삶의 모습이리라. 속도는 기계의 시간이며 느림은 자연의 시간이다.

느리게 산다는 것은 초고속으로 질주하고 있는 자본주의 문명의 광기를 제어할 대안적 삶으로 자연친화적이며, 인간다운 삶을 의미한다. 이는 작은 것, 느린 것에서 아름다움을 찾아 진정한 웰빙을 누리고자 하는 현대인의 영원한 염원이기도 하다. 이제 "빨리 달려가면 갈수록 삶이 여유로워지기는커녕 더 빨리 달리라고 채찍질 당한다"라는 〈피에르상스〉의 이야기에 귀 기울임을 넘어 더 깊숙이 들어가야 한다는 생각이 든다.

삶의 질감을 높이는 천천히 먹기, 천천히 살기 등을 통해 편안한 삶을 추구하는 슬로라이프 운동은 우리나라에서도 이미 시작되었다. 느린 것과 오랫동안은 동의어다. 우리는 모두 1등만 섬기는 사회에서 살고 있다. 그건 함께 사는 방법이 아닌데도 말이다. 다 다르니까 완벽한 평등은 불가능하겠지만 느리지만 함께 나누면서 사는 게 더 좋은 세상이 아닐까 싶다. 날고뛰는 능력을 가진 사람들이 기고 구르는 사람들과 함께 결승점을 통과하는 기적이 여기저기서 일어났으면, 그래서 모두가 부들부들한 질감으로 행복한 삶이었으면 좋겠다.

느림의 미학을 기반으로 하는 슬로시티의 발상지인 그레메 키안티(이탈리아)내에는 페스트 푸드 브랜드나 대형마트를 찾아 볼 수 없다. 이런 현상은 세계 어디나 비슷한 것 같다. 사실 느리게 느긋하게 살기 위해서는 또 느린 방식으로 만든 음식을 먹기 위해서는 더 부지런히 움직여야 한다. 건강하게 사는 것도 식습관이 중요하다. 제대로 생산된 식재료를 전통방식으로 조리하려면 더 많은 시간과 노력이 필요하기 때문이다. 어디 음식뿐인가! 사는 방식도 마찬가지다. 자가용으로 쌩 쌩 달려 금방 도착하면 될 곳을 터벅터벅 걸어서, 또는 자전거 타고 한참을 가야하는 슬로 라이프는 그 만큼 부지런해야 이룰 수 있다. 그래서 인지 이곳 그레메 키안티의 사람들은 아주 건강하고 대부분 직업을 가지고 있다. 우유부단 유유작적한 성격도 일면 유리한 점도 있구나. 건강한 음식을 먹고 건강한 생활을 하기 때문이다.

돈키호테와 햄릿

영어권의 최고의 극작가를 '셰익스피어'라고 부른다면 스페인어를 대표하는 작가는 '세르반테스'라고 평한다. 우연히도 두 작가는 1616년 4월 23일에 서거했다.

세르반테스의 생애는 수많은 역경으로 기록된다. 어린 시절에 어려웠던 가정형편은 그저 평범하게 기록될 정도이다. 군에 입대한 그는 레판토 해전에서 총상을 입었고, 이로 인해 평생 왼손을 쓰지 못하게 되었다. 28세에 제대해서 귀국하던 중 해적에게 붙잡혔고 5년간 비참한 노예생활을 했다. 네 번의 탈출을 시도 했으나 모두 실패로 돌아갔으며 이를 불쌍히 여긴 지인들의 도움으로 풀려 날 수 있었다. 38세 때 소설을 쓰기 시작했지만 그의 작품은 별다른 호응을 얻지 못했고, 힘든 가정 형편은 비리 협의로 인하여 감옥 생활을 하게 만들었다.

출옥 후 감옥에서 구상했던 이야기를 글로 쓰기 시작했다. 반 쯤 정신이 나간 늙은 기사 '돈키호테' 모험 이야기이다. 환갑을 바라보는 나이였지만 돈키호테를 통해 그는 스페인을 대표하는 작가가 되었다. 무게는 다를지언정 고난은 누구에게나 찾아오나 보다. 그러나 고난에 지쳐 주저앉는 인생이 있는가 하면 고난을 극복하며 강해지는 사람도 있다. 고난에 감사하는 삶을 통해 당당함과 인내를 배워간다면 내일은 그 때 어떠한 도전 앞에서도 두렵지 않을 것이라는 사실을 보여 주는 세르반테스 였다.

돈키호테에서 보면, '마음 수련으로 내공을 연마할 수 있으리라'고 생각하지만 착각이다. 아이러니하게도 착각하여 그 즈음에 사람들은 권태에 빠진다. 권태는 망상을 낳고, 망상은 허깨비를 낳는다. 그래서 사랑에 미치고 오락에 미친다. 아니, 뭔가에 '미치고 싶다'는 꿈을 꾼다. 그 결과, 세상은 온통 연극판이 되었고, 사람들은 하나같이 광대가 되어 버렸다. 그래서 돈키호테는 세르반테스의 아바타라 볼 수 있다.

보통 인간형을 분류할 때 생각은 많은데 행동으로 못 옮기는 햄릿형과 생각도 하지 않고 행동부터 하는 돈키호테형으로 구분한다. 그러나 햄릿을 자세히 살펴보면 결코 햄릿은 우리가 일반적으로 알고 있는 결정을 못 해 실행에 못 옮기는 결정 장애자가 아니다. 햄릿이 순전히 생각만하는 인간이라고 단순히 취급하는 것도 부당하며, 그렇다고 그를 단순한 행동형의 인간으로 몰아서는 안 될 것이다.

반면에 돈키호테는 그냥 시대착오로 자신이 옳다고 믿고 행동에 옮겼을 따름이다. 행동하면서도 고뇌하는 것으로 보아 햄릿과 거의 같은 인간형으로도 볼 수 있다. 단지 햄릿은 제 정신을 가지고 행동하면서 세상이 자기 생각과 다름을 모르는 채 생각하는 데 돈키호테와 차이가 있다.

셰익스피어는 1564년 잉글랜드 중부의 스트랫퍼드어폰에이번(Stratford upon Abon)에서 출생하였다. 태어난 마을은 아름다운 자연에 둘러싸인 영국의 전형적인 소읍이었고, 아버지 존 셰익스피어는 비교적 부유한 상인으로 피혁 가공업과 중농(中農)을 겸하고 있었다. 아버지가 읍장까지 지낸 유지였으므로, 당시의 사회적 신분으로서는 중산계급에 속해 있었기 때문에 셰익스피어는 풍족한 소년시절을 보낸 것으로 짐작된다.

당시 스트랫퍼드어폰에이번에는 훌륭한 초·중급학교가 있어서 라틴어를 중심으로 한 기본적 고전교육을 받았으며, 뒤에 그에게 필요했던 고전 소양도 이때 얻은 것으로 볼 수 있다. 그러나 1577년경부터 가운(家運)이 기울어져 학업을 중단했고 집안일을 도울 수밖에 없었다. 학업을 중단하고 런던으로 나온 시기는 확실치가 않다. 다만 1580년대 후반일 것으로 생각되며, 상경의 동기가 극단과 어떤 관계였는지의 여부도 알 수 없으나, 1592년에는 이미 그가 유수한 극작가의 한 사람이었다는 사실을 선배 극작가인 R.그린의 질투어린 비판을 통하여 알 수 있다.

1590년을 전후한 시대는 엘리자베스 1세 여왕 치하에서 국운이 융성한 때였으므로 문화면에서도 고도의 창조적 잠재력이 요구되었던 시기였다. 이러한 배경을 얻어 그의 재능은 더욱 빛날 수 있었다. 당시의 연극은 중세 이래의 민중적 · 토착적 전통이 고도로 세련되었으며, 특히 그리스 · 로마의 고전을 소생시킨 르네상스 문화의 유입을 맞아 새로운 민족적 형식과 내용의 드라마를 창출해 내려는 때이기도 하였다. 그러나 1592~1594년 2년간에 페스트 창궐로 인하여 극장 등이 폐쇄되었고, 때를 같이하여 런던 극단도 전면적으로 개편되었다. 그는 당시의 극계를 양분하는 세력의 하나였던 궁내부장관(宮內府長官) 극단의 간부 단원이 되었고, 그 극단을 위해 작품을 쓰는 전속 극작가가 되었다.

극작가로서의 셰익스피어의 활동 기는 대략 24년간으로 볼 수 있다. 이 기간에 그는 모두 7편의 작품을 발표하였다. 작품을 시기별로 구분해 보면, 초기에는 습작의 경향이 보였으며, 영국사기(英國史記)를 중심으로 한 역사극에 집중하던 시기, 그것과 중복되지만 낭만희극을 쓰던 시기, 그리고 일부의 대표작들이 발표된 비극의 시기, 만년에 가서는 화해(和解)의 경지를 보여주는 이른바 로맨스 극 시기로 나눌 수 있다. 그에게 있어서 이러한 시기적 구획(區劃)이 다른 어느 작가보다도 뚜렷하게 구분되는 것이 특징이기도 하다. 셰익스피어의 4대 비극 "햄릿, 리어 왕, 맥베스, 오셀로" 는 이 무렵의 작품이다.

햄릿은 인간의 본성, 도덕성, 정치, 종교 등 다양한 주제를 탐구하는 대표적인 비극이다. 햄릿의 작품은 지속적으로 해석되고 현대적인 의미를 부여받았다. 유명한 대사 "To be or not to be, that is the question."는 삶과 죽음, 자유와 책임, 행동과 무행동 등에 대한 고민을 나타낸다.

돈키호테와 햄릿을 비교하면서, 햄릿은 제정신을 가지고 행동하면서 세상이 자기 생각과 다름을 모르는 채 생각하는 게 돈키호테와 차이가 있다. 삶과 죽음의 문제보다 현실을 받아들일 것인가, 아니면 넘어설 것인가라는 삶의 방식에 대한 질문이라는 것이다.

단수 가격 전략과 두통

우리는 하루에 얼마나 자주 커피를 마실까? 아침에 일어나 잠을 깨기 위해 커피 한잔, 아침 식사 후 한잔, 점심을 먹고 난 후 피로를 달래기 위한 커피 한잔, 친구들과 대화하면서 한잔, 저녁에 책보면서 한잔, DVD나 TV 영화 등을 보면서 한잔, 평소 커피를 마실 때는 느끼지 못했지만 의식하며 횟수를 세보니, 생각보다 횟수가 많다는 것을 알게 되었다. 경제적으로 보면 인간은 합리적으로 선택하여 효용의 극대화를 추구한다고 한다. 그런데 커피 한잔의 값에는 연연하지 않으면서 그보다 작은 2,500원이라는 배송료는 비합리적이라고 느껴 필요 없는 물건까지 구매해버리는 선택이 과연 합리적일까? 물론 거피한잔에는 맛과 향뿐 아니라 카페의 분위기와 상대와의 즐거운 대화는 하나의 문화를 제공하고 있다.

시장 경제에서 소비는 일반 사람들의 의식적인 판단에 의해 이루어질까?

슈퍼마켓이나 대형마트를 한번 둘러보면 행사가격으로 980원, 1,980원, 19,800원짜리 상품들을 많이 볼 수 있다. 그럴 때 대부분의 구매자는 어떤 생각을 할까? 모든 사람들은 할인된 가격이기 때문에 빨리 구입하는 것이 자신에게 이익이라고 느낀다. 하지만 이 또한 행동 경제학의 원리를 사용한 예시일 따름이다. 바로 '단수가격전략'을 이용한 가격전략 방법이다. 단수가격전략은 소비자의 심리적인 부분을 이용하는 방법으로 제품가격의 끝자리를 단수로 표시하여 소비자가 물건을 구입할 때 원래가격보다 할인된 합리적인 가격이라고 느끼게 만드는 전략이다. 공급자는 기분 좋게 적당히 할인해서 더 많은 구매를 부추길 수 있고, 소비자도 할인된 가격에 기분 좋게 소비를 할 수 있다. 하지만 이 전략에 속아 과도한 지출로 이어지는 일은 없었으면 좋겠다. 왜냐하면 980원은 1,000원보다 20원이 싸고, 1,980원은 2,000원보다 고작 20원이 싸니까, 결국 1,980원은 원래가격에서 겨우 1% 할인된 가격인 셈이기 때문이다. 그런데도 사람들은 딱 떨어지는 가격이 아니기 때문에 할인된 가격이라고 인지한다. 즉, 단수가격 전략은 상품가격의 끝자리가 단수로 설정되어 정상 가격보다 약간 낮은 가격으로 설정될 뿐이다. 여기에 한 가지 의문점은 단수 전략이면 1,980원보다 1,999원으로 하는 것이 공급자에게는 더 이익이지 않을까? 하지만 여기에도 이유가 있다. '9'라는 숫자는 할인이 의도적으로 조금만 되었다는 것을 누구나 느낄 수 있어서 오히려 불쾌감을 조성할 수도 있다는 것이다. 그래서 끝자리가 '9'보다는 '8'로 하여 소비자가 의심하지 않고 기분 좋게 소비를 할 수 있도록 유도해 앞으로는 무턱대고 할인된 가격이라고 좋아하지 말고 냉철하게 계산기를 두드려서 비교해 보자.

변화를 꿈꾸면서 과거의 행동에서 벗어나지 못하는 것은 익숙함, 게으름과 두려움 때문이다.

인간의 사고는 5%의 의식과 95%의 잠재의식으로 이루어져 있다고 한다. 이러한 95%의 잠자고 있는 능력에 꿈과 열정을 불어 넣어 일으켜 세운다면 성공에 한 발 더 가깝게 다가 갈 수 있다. 인간이 내공을 수련하여 보다 적극적인 사고방식을 가진다면 머피의 법칙(Murphy's law)을 기회의 법칙으로 바뀔 수도 있다고 한다. 스스로 마음먹기에 따라서 머피의 법칙이 셀리의 법칙(Sally's law)으로 전환하는 것도 가능하다는 말이다. 시인 엘라 휠리 윌 콕스(Ella Wheeler Wilcox)는 '배의 방향을 결정짓는 것은 바람이 아니라 당신의 돛이다.'라고 말하면서 우리의 인생도 마찬가지라는 것이다. 사실 느긋하게 즐기려면, 뭘 하든지 '빨리빨리'에 길들여져 있는 현대인들은 특히 우리나라 사람들은 이 습관 때문에 편두통이 더욱 늘어나고 있다고 한다. 편두통은 머리 한 쪽에서 두통이 계속 일어나는 것을 말한다.

너무 심하다면 병원에 가야하지만 스트레스성으로 지속 된다면 몇 가지 습관을 고쳐 느긋하게 지내는 것으로 꽤 많이 통증을 줄일 수 있다고 한다.

헬스닷컴에서 소개 한 편두통을 없앨 수 있는 습관들 몇 가지를 소개하면, 먼저, 조금씩 자주 먹기다.

식사를 하는 간격이 너무 길면 혈당이 급격하게 떨어지기 때문에 그로 인해 편두통을 일으킬 수 있다. 체력이 달리면서 갑자기 편두통이 온다면 조금씩 자주 먹는 것이

도움이 많이 될 수 있다.

소금이 없는 견과류나 말린 과일, 채소 같은 스낵들을 들고 다니면서 조금씩 자주 먹어도 좋고, 물을 자주 마셔 수분이 부족하지 않게 하는 것 역시 한 방법이다.

둘째, 느긋해지기다.

스트레스가 편두통을 일으킨다는 것은 많이들 알고 있는 사실이다. 하지만 스트레스가 주범이 아니라 스트레스가 가라앉을 때 오히려 편두통이 생긴다는 의견도 있다. 스트레스 호르몬인 코르티솔은 통증을 줄이는 역할을 하지만 이 성분이 떨어지면 편두통이 생기기도 한다고 한다.

단조롭고 따분한 생활을 하지 못한다면, 나에게 맞는 생활 리듬을 찾는 것이 중요하다.

셋째, 스트레스 날려 보내다.

바쁘고 귀찮다는 이유로 스트레스를 쌓아두지 마라. 스트레스는 일반적으로 생각하는 것과는 달리 부정적인 면보다 긍정적인 면이 많다고도 주장하는 의학자도 있다. 그들의 논리는 의학적으로 스트레스는 적응하기 어려운 환경에 처할 때 느끼는 심리적-신체적 긴장상태를 말 한다고 한다. 유아부터 노인까지 우리는 언제든 스트레스를 받을 수 있다. 그런데 우리사회에서 스트레스는 부정적인 의미로 사용되고, 인생살이 고단함의 척도가 되었다. 그러나 '배가 정박하면 안전하기는 하나 배의 존재가치가 없다.'는 것이다. 자신에게 닥친 스트레스를 두고 순간의 기분에 매몰되어 비관하지 않고 자신의 의지로 낙관해야 한다. 인생은 누구에게나 어렵다. 도전하는 자는 결과에 흔들리지 않는다. 더불어 산다는 것은 어렵지도 쉽지도 않다. 도전하면 적응하고 적응하면 극복한다고 한다.

우선 내가 충분히 즐길 수 있는 거리를 찾아 가서 시간을 투자하시길 바란다. 투자를 한 시간 대비 더 많은 것들을 당신에게 선물 해 줄 수 있다. 머리가 자주 아프고 스트레스에 시달리는 분들을 위한 몇 가지를 소개 해 봤다. 머리가 자주 아픈 이웃 분들에게 조금이나마 도움이 되었을지 모르겠다. 나도 모든 걸 내려놓고, 놓아두고 느긋하게 살고 싶어진다.

배고픔의 즐거움

재직시절 즐거운 방학이 시작되면 각종 연수에 관심이 간다. 인간은 늘 자신의 부족한 자질을 일궈 가면서 스스로 위대함을 획득하려고 노력한다. 그런 기간에 우연히 교원단체 연합회 주관하는 연수에 '건강기공' 수련에 참석하게 되었다. 이것이 연유되어 지금도 하루에 한 번이라도 기공 수련을 한다. 그 당시 기공수련에서 심도가 있는 도반을 수련할 때 가르치는 선생님이 하루에 일식을 하는 분이였다. 그 분의 영향으로 일일 2식을 시행한지가 30년이 더 지났다. 일식은 힘이 들어 포기하고, 아침과 저녁식사는 하고, 점심은 먹지 않는다. 경우에 따라서 삶은 계란 한 개나 적은 고구마 하나 정도 가볍게 먹기도 한다.

일반적으로 우리는 배고픔을 알려 주는 “꼬르륵” 소리에 현옥되어 허겁지겁 먹을 것부터 찾는다. 우리가 잘 모르는 배고픔의 정체를 한번 캐 보자. 식사 시간을 놓쳤거나 한 끼를 굶었을 때 배에서 꼬르륵 소리가 나면서 음식을 먹고 싶다는 욕망을 주체하기 어렵다. 배고픈 느낌이 들면 무조건 속히 입속으로 밀어 넣고 본다. 그러나 배고픈 감정은 반드시 우리 몸의 칼로리나 영양소 부족을 의미하는 것은 아니다. 먹을 것이 넘쳐나는 오늘날에는 오히려 배고픔을 적절히 즐기면서 사는 것이 각종 만성병을 예방하는 지름길이 될 수 있다. 현 시대 우리가 먹는 행위가 미처 예상치 못한 병폐를 낳고 있기 때문이다. 하루에 한 끼를 굶는 것을 두려움으로 느낀다.

결론적으로 말해서 우리는 본능적으로 배고픈 느낌을 싫어한다. 중요한 것은 현대인의 질병의 대부분은 진정한 배고픔을 모르는 데서부터 비롯된다. “배고픔을 느낄 시간을 주지 않으면 우리 몸속에 있는 지방이 일할 기회를 영영 잃게 되기 때문이다.” 일을 하지 않는 지방은 두려운 존재가 된다. 우리 몸의 구석구석에 차곡차곡 쌓이면서 비만을 부르고, 당뇨, 고혈압, 고지혈증, 암 등 성인병을 부른다. 각종 질병을 유발하는 진원지가 되기 때문이다.

의학적으로도 우리 몸의 혈중 당분이 떨어졌다고 해서 칼로리가 부족하다는 의미로 받아들여서는 안 된다. 우리 몸은 음식물에서 영양소를 섭취하여 생명을 유지하는데 필요한 에너지를 얻고 쓰고 남은 당질은 글리코겐 형태로 저장되고, 과잉의 당질과 단백질, 지질은 지방세포에 저장된다. 이렇게 저장된 영양소들은 가장 쉽게 에너지원으로 쓰이는 혈중 당분이 떨어 졌을 때 꺼내 사용되어 진다. 이 때 비교적 쉽게 에너지원으로 쓸 수 있는 것이 간이나 근육에 저장된 글리코겐이고 그 다음으로 지방이다. 바로 이 점이 중요하다. 지방이 일을 하게 하려면 배고픔을 느낀 시점에서 1~2시간 정도 여유를 둬야 한다는 것이다, 그래야만이 비로소 지방이 분해되어 에너지원으로 쓰일 수 있게 된다. 지방이 제 일을 하지 않고 날마다 놀고먹는다면, 새롭게 저장되는 지방과 친구하면서 팔뚝, 허벅지에 불룩불룩 살을 찌우는 미운 짓을 하게 된다.

그게 전부라면 다행이지만, 지방조직의 속이 꽉 차서 더 이상 지방을 받아들이지 못하게 되면 지방은 혈류 속에 잔류하면서 고지혈증을 만들고 혈관에 피 떡도 형성한다. 혈관의 탄력성도 떨어뜨리게 되면서 고혈압, 동맥경화, 당뇨 등 각종 만성병을 유발하는 수순을 밟게 된다. 따라서 배고픈 느낌이 들자마자 음식물부터 찾아서는 안 된다. 1~2시간 정도의 배고픔은 반드시 즐겨야 한다. 그렇게 해서 내 몸속 지방이 일을 하도록 유도해야 한다. 배고픈 시간은 내 몸의 지방을 태우는 귀중한 시간임을 반드시 기억하고 즐겨야 한다. 지방을 태우자는 말은 단순히 체중을 줄이자는 말은 아니다. 지방을 태워 에너지로 쓸 수 있는 몸으로 만든다는 것은 건강하게 천수를 누리는 절대조건이 된다.

이제 배고픔을 다스리는 노하우를 몇 가지 소개하면, 몸에 맞게 영양가 있는 음식을 먹으면서 골고루 먹는 것은 기본이다. 먼저 배고프다는 느낌이 들면 물 한 잔을 마시자. 그러면 음식에 대한 다급한 요구가 없어질 것이다. 배고프다는 느낌이 강하게 들면 지금 이 시간은 내 몸의 지방이 타는 시간이다. 조금만 참자하고 자신에게 다짐을 해 보자. 그리하여 적어도 30분에서 1시간 정도는 배고픔의 기분을 즐겨 보자. 둘째, 음식물을 먹기 전에 배고픔 정도를 체크해 보자. 진짜 배고픔인지, 아니면 혈당이 떨어져서 생긴 배고픔인지 그 진의를 파악하는 것이 중요하다. 우리가 가장 많이 하는 실수는 식사 전에 내가 배가 고

픈지 아닌지를 잘 모른다는 것이다. 아무 생각 없이 거의 무의식적, 습관적으로 먹을 때도 많다. 그저 먹는 것이 좋아서 먹기도 한다. 그래선 안 되고, 반드시 배가 고플 때만 식사를 하자. 아니 배고프기 시작한 후 30분에서 1시간 정도 견디다가 식사를 하자. 맛있는 것부터 먹고 포만감을 느끼기 전 70% 정도에서 먹는 것을 멈추자. 음식을 먹을 때는 자기가 먹고 싶은 것부터 먹도록 해서 즐기면서 먹는 것이 좋다. '이것은 먹으면 안 되는데' 하면서 안 먹으려고 애를 쓰다가 결국 먹어버리는 경우가 많다. 그러지 말고 먹고 싶은 위주로 먹되 포만감을 느끼기 전에 반드시 젓가락을 놓자. 그 정도는 별로 힘들지 않고 실천할 수 있을 것이다.

끝으로 소식다작(小食多嚼)하자. 즉, 음식을 작게 먹고 30회 이상 많이 오래 씹어 먹어라. 적게 먹는 것에서 기쁨을 느끼자. 소식은 일급 장수비결이다. 이 비결은 어느 누구도 반론을 제기하지 않는 이론이다. 무조건 몸에 좋다고 많이 먹는 우를 범하지 말자. 그것이 도리어 독이 되어 건강에 치명적이 될 수도 있다. 우리가 일단 몸속에 일단 집어넣은 것은 무엇이든지 위에 도착하면 반드시 처리되어야 한다. 위장이 싫다고 해서 그 일을 피할 수 있는 것도 아니다. 우리 몸의 에너지가 소화 이외의 일도 할 수 있도록 되도록 적게 먹고, 때로는 뱃속을 비워주는 센스를 실천하자. 요즘 대부분의 현대인은 어떤가? 하루 종일 먹을 것을 달고 산다. 나 자신부터 지금보다도 좀 더 식탐을 자제하고 배고픔을 다스리는 노하우를 실천하여 배고픔의 즐거움을 만끽하면서 생활해야 되겠다.

제 3부

우리의 행복지수

진정한 자신이란
도산 선생님을 그리며
망진자호야(亡秦者胡也)
우리의 행복지수
여가의 조건
지구오염의 가속화
군맹무상(群盲撫象)
소비심리와 팬데믹
시간, 인맥과 공간
웃으니까 좋은 일

진정한 자신이란

진정한 자기 자신으로 살기위해서는 다른 사람들이 가는 길을 그대로 따라가지 말라고 한다. 스스로의 몸과 마음, 영혼에서 발휘되는 지혜를 적극적으로 갈고 닦아 자신만의 길을 걸어 라고 한다. 일터나 가정, 모임 등과 같은 삶의 영역에서 정해진 규칙을 따르며 마찰 없이 살아야 한다. 하지만 순응의 장점은 딱 거기까지다. 어떤 조직에서나 조직원들이 머리를 써서 어떤 문제를 공격하여 해결책을 찾아보는 방법 중 하나로 이용하는 브레인스토밍(brain-storming)도 적극 활용하는 것이 필요하다고 한다.

괴테는 "할 수 있고 꿈꿀 수 있는 것이라면 뭐든지 시작하라." 했다. 대담함에는 천재성과 힘, 그리고 마법이 숨어 있으니 바로 지금 자신만의 일을 시작하라는 것이다. 키에르케고르는 "스스로 선택하지 못하고 진정한 자기 자신으로 살지 못할 때 사람들은 절망을 느낀다. 가장 깊은 절망은 자기 자신이 아닌 다른 사람으로 사는 것이다."라고 언급했다.

진정한 자기 자신이 되어라. 거기서부터 마법이 시작된다고 한다. 다른 사람을 따라야만 한다는 생각을 버리고 진정한 자기 자신을 내 보여라. 아름답고 멋지게 보여라. 인생의 유일한 목표는 진정한 자기 자신이 되는 것이며, 또한 우리의 타고난 능력을 실현하는 것이다.

사람은 평생을 살면서 세 가지 여유로움이 있어야 한다고 들었다. 하루는 저녁이 여유로워야 하고, 일 년은 겨울이 여유로워야 하며, 일생은 노년이 여유로워야 한다는 말이다. 이것을 '3여(三餘)'라고도 한다. 인간은 누구나 행복하길 원한다. 행복의 기준은 사람에 따라 다 다를 수 있다. 그러나 여유로운 마음이 행복의 지름길이라는 것은 누구나 다 알고 있는 것 같다.

1949년 영국에서 독립한 네팔의 이웃에 위치한 부탄(Bhutan)이라는 나라가 있다. 지금도 왕권체제를 유지하고 있으며, 국왕이 '행복정책'을 추구하는 국가다. 국민들은 97%가 행복하다고 생각한다. 모든 나라가 국민총생산량(GNP)에 목을 매고 매진하고 있지만 그들은 행복이 더 중요하다고 생각한다. 그래서 국민총행복량(GNH)라는 신 개념을 만든 나라이기도 하다. 그런데 더 재미있는 건 2002년 국왕이 직접 민주주의를 하자고 외치면서 국민들을 설득하는 상황까지 이어 졌다.

우리는 변화에 대처하려면 항상 오감으로 깨어 있어야 한다. 이는 사소한 것이라도 민감하게 받아들여야 한다는 말이다. "삶은 개구리 증후군(Boiled frog syndrome)"이라는 것을 들은 적이 있다. 미국 코넬 대학교에서 물이 담긴 비커에 개구리를 넣고 온도를 높이는 실험을 했는데, 갑자기 온도를 높인 경우에는 개구리가 뜨거운 것을 느끼고 뛰어 나갔지만 천천히 온도를 높이자 변화를 감지하지 못한 채 가만히 있다가 개구리가 죽었다. 이 실험을 기반으로 나온 이론인데 주위의 변화를 감지하고 대처하지 못해 도태되는 경우를 가리킨다.

영국시인 사무엘 울만(Samuel Ullman)의 시 〈청춘(Youth)〉에 보면,

"젊음은 나이가 아니라 마음이다.
장밋빛 두 뺨 앵두 같은 입술
탄력 있는 두 다리가 곧 젊음은 아니다.
강인한 의지, 풍부한 상상력과 시들지 않는
열정이 곧 젊음이다."

이 시를 읊으면서 우리는 스스로 역시 젊음은 마음먹기에 달렸다고 자기 최면을 걸어 본다. 삶을 어떻게 살 것인가는 결국 젊었을 때의 선택에 달려 있다고 한다.

닥터 수스(Dr. Seuss)의 작품 "아, 네가 갈 곳들(Oh, the Places You'll Go)"에서 이러한 능력주의적 사고방식을 절묘하게 포착해 냈다. 뉴욕 타임즈 베스터셀러 5위를 기록했고, 여전히 졸업선물로 큰 인기를 누리는 책이다. 이 책은 한 소년이 자신에게 놀라운 재능이 있고, 삶을 어떻게 살 것인지는 궁극적으로 자신의 선택에 달려 있다는 것을 깨닫는 내용이다. '네 머릿속에는 뇌가 있어, 신발 속에는 발이 있지, 네가 원한다면 어는 방향으로도 나아 갈 수 있

단다.' 저자는 자신의 야망을 이루어 내는 것이 삶의 의미라는 사실을 소년에게 상기 시킨다. '넌 너에게 달려 있어, 알고 있는 건 다 알아, 그리고 어디로 갈지 정하는 건 바로 너야.' 이 책에는 소년이 얼마나 훌륭할 수 있는지를 일깨워 준다. 소년은 내면의 결함 때문에 짓눌리지 않는다. 노력하고 상승함으로써 자신의 장점을 증명한다.

미국의 작가이자 문화평론가인 수잔 손탁(Susan Sontag)은, "나이가 든다는 것이 남성들에게는 인간이기 때문에 겪어야 할 운명이라 생각한다. 허나 여성들에게는 나이가 든다는 것은 운명만은 아니다. 그것은 여자들에게 치명적인 약점이라 생각한다."고 주장했다. 나이가 든다는 것은 내가 소유했다고 생각했던 것들, 내 곁에 머물러 있다고 생각했던 것들을 하나씩 떠난 보낼 때가 되었음을 알아가는 과정이라고도 한다. 나아가 진정한 자신은 화법으로 상대의 생각을 꿰뚫어 알아야 되고 화제로부터 상대의 심리를 탐색해야 한다. 언어행위는 사람을 파악하는 그림이다. 상대의 심리파악 방법은 화제의 내용에서 상대의 성향을 파악하고, 이야기하는 전개방식에서 개성을 파악하고, 화제와 화자 본인의 연관성을 파악함으로서 심리를 파악한다고 한다.

본래 말에는 세 가지 한계가 있다고 한다. 첫째는 사람이고, 둘째는 시간이며, 셋째는 장소다. 그 사람이 아니면 말할 필요가 없고, 그 시간이 아니면 그 사람일지라도 말할 필요가 없으며, 정말 그 사람이고 그 시간일지라도 그 장소가 아니면 말할 필요가 없다. 입은 말이 드나드는 관문으로 본심을 감추는 역할을 한다. 고대부터 현인들은 모두가 입조심을 강조하고 말이 거의 없으며, 중국 고서 증광현문(增廣賢文)에 보면 "3할만 말하고 마음 전부를 내던지지 마라."고 했다. 이를 실천함으로써 깨달음이 환하게 익어가고 자신도 알고 현명하고, 용감하게 된다고 한다. 나 자신도 의도적으로 스스로의 몸과 마음, 영혼에서 발휘되는 지혜를 적극적으로 갈고 닦아 자신만의 길을 걸어가야 한다. 그렇게 용감하게 노력해야 한다.

도산 선생님을 그리며

시대마다 부모를 긴장시키는 '부기맨'은 늘 존재한다. 부기맨은 아이들에게 겁을 줄 때 어른들이 흔히 들먹이는 무시무시한 가상의 악마를 뜻 한다. 오늘 날의 부기맨은 컴퓨터와 스마트 폰 이다. 비대면 수업 등으로 코로나 팬데믹 전보다 수학이나 읽기 능력 등이 뒤쳐졌다. 필자를 구세대라 불러도 좋지만 지금 우리는 아이들이 무엇을 읽을지 제한하는 대신 그들의 수학 실력과 읽기 능력을 키우는 데 더 많은 에너지를 쏟아 부어야 한다.

예상치 못한 바이러스로 인해 우리는 지금 언택트(Untact)시대에 돌입했다. 즉, 누군가와의 접촉 없이 상품을 구매하거나 서비스를 제공하는 것을 의미한다. 스마트폰에 의해 단절된 사회가 도래했다면서 직접 만나서 대화하는 게 중요하다고 외쳤던 게 엊그제 같은데 바이러스 하나가 시대의 흐름을 바꿔 놓았다.

이번에는 도산 안창호로 읽기 능력을 배양했으면 좋겠다. 서울 압구정에 있는 도산 공원은 평소에는 주민들의 쉼터가 되어주고 있었다. 공원에 들어서자마자 정면으로 가장 먼저 보이는 건 바로 도산 안창호 선생과 부인 이혜련 여사의 묘소가 있다. 망우리 공동묘지에 안장되었던 도산 선생의 묘소를 이곳으로 이장하면서 미국 로스앤젤레스에 있는 부인 이혜련 여사의 유해도 같이 옮겨와 이곳에 합장하였다.

묘소 근처에 위치한 비석. 독립 운동가이자 교육자였던 도산 안창호 선생의 말씀이 새겨져 있다. "그대는 나라를 사랑하는가. 그러면 먼저 그대가 건전한 인격이 되라. 우리 중에 인물이 없는 것은 인물이 되려고 마음먹고 힘쓰는 사람이 없는 까닭이다. 인물이 없다고 한탄하는 그 사람 자신이 왜 인물이 될 공부를 아니하는가." 각 개인을 다른 사람이 개조하여 줄 것이 아니라 각각 자기가 자기를 개조하여야 한다."고 강조했다.

내가 존경하는 우리 역사의 인물들 중 한 분이신 도산 안창호 선생님이다. 도산은 경술국치(庚戌國恥)를 이렇게 말한다. "우리나라를 망하게 한 것은 일본이 아니요, 이완용도 아니요, 그것은 바로 나 자신이오. 내가 왜 일본으로 하여금 내 조국에 손톱을 박게 하였으며, 이완용으로 하여금 조국을 팔도록 내버려 두었소? 그러므로 망국의 책임자는 곧 나 자신이오." 또, 상해에서도 동포들에게 항상 부르짖기를, "자손은 조상을 원망하고, 후진은 선배를 원망하고, 민족 불행의 책임을 자기 이외로 돌리려 하니, 왜 남만 책망하시오. 우리나라가 독립이 못되는 것이 '아아! 나 때문이로구나!' 하고 가슴을 두드리며 아프게 뉘우칠 생각은 왜 못하고, 어찌하여 그 놈이 죽일 놈이요, 저 놈이 죽일 놈이라고만 하시오? 진정 내가 죽일 놈이라고 왜들 깨닫지 못하시오?"라고 하였다.

'내 탓'을 '남 탓'으로 돌린 적은 없는지 반성하여 보자. 모든 잘못이 '내 탓'이라는 생각을 갖도록 하기 위해서 도산이 강조한 것은 무엇인가? 정말 지금 우리가 자문하며 반성해야 될 사항들이다.

도산은 민족 상호 간에 증오가 많을 뿐, 서로 사랑하고 공경하는 마음이 부족함을 매우 한탄하였다. 도산은 사랑하는 방법이 무엇인가에 대한 질문에 이렇게 대답하였다. "내 손이 닿는 사람, 내 목소리가 들리는 사람밖에는 사랑할 수 없습니다. 날마다 내가 만나는 사람을 사랑하는 것이 바로 이웃을 사랑하는 것이요, 민족을 사랑하는 것이요, 전 인류를 사랑하는 일입니다." 민족 각자에게 이러한 사랑이 있는 이상, 모든 사상과 의견의 대립은 영양(營養)이 될지언정, 병근(病根)은 되지 않을 것이라고 하면서, "너도 사랑을 공부하고 나도 사랑을 공부하자. 남자도 여자도 우리 다 함께 사랑하기를 공부하자. 그래서 한민족은 서로 사랑하는 민족이 되자."라고 하였다.

만나는 국민이나 후진들께 '그대는 나라를 사랑하는가. 그러면 먼저 그대가 건전한 인격이 되라. 우리 중에 인물이 없는 것은 인물이 되려고 마음먹고 힘쓰는 사람이 없는 까닭이다. 인물이 없다고 한탄하는 그 사람 자신이 왜 인물 될 공부를 아니 하는가.' 하고 애국을 설파하였다. 젊은이나 학생들에게 애국을 강조하였고, 젊은이들에게 '낙망은 청년의 죽음이요, '청년이 죽으면 민족이 죽는다.'라고 설파하면서 나라사랑을 고취하려고 노력했다.

도산의 '위대한 애국정신'은 우리 모두의 자긍심이며 한국의 자부심이다. 나라 사랑하는 그를 생각할 때 도산은 진정한 영웅이다. 그의 애국 헌신은 모든 국민의 가슴을 여미게 한다.

망진자호야(亡秦者胡也)

겨울은 자연의 땅이라는 케이크 위에 듬뿍 발린 얼음 크림처럼 찾아오네요. 생명의 마지막 흔적은 나뭇가지위에서 단풍이 되었다가 이제 시들어 가고 있는 것인가. 밖은 가랑비가 내리고 있었다.

엊그제는 자식문제로 아내와 다투었고, 오늘은 주택수리와 페인트 칠 등 집안일로 아내와 입씨름을 하였다. 퇴직이후 이런 일로 전전긍긍하는 자신을 보며 가족을 지켜주는 가장으로서 반성했다. 인건비가 비싸서 인부도 부르지 않고 나름대로 시간을 내었다. 계획을 잡아서 옆집에 사시는 황형과 함께 일하기도 하고 혼자서 일을 할 경우도 있었다. 황형은 일머리도 잘 알고 큰 도움을 주었다.

그래서 힘들지만 보람차게 일할 수 있었다. 이웃사촌 황형은 참 고마운 분이다. 혼자서 일할 때도 즐겁게 하자. 좀 더 여유를 가지고 쉬어가면서 준비하고 대처하자고 다짐한다.

모든 문제는 잘 생각해 보면 외부에 있지 않고 자기로부터 기인한다고 한다. '망진자호야(亡秦者胡也)'라는 말이 생각났다. 이것은 불로초를 찾으러 갔던 노생이라는 사람이 가져온 책에 쓰여 있었던 글귀다. 진나라가 망한 것은 오랑캐가 아니라는 뜻이다. 진시황제는 진나라를 망하게 하는 '호(胡)'를 '오랑캐'로 해석하여 흉노족이 진나라를 망하게 할 세력이라고 여겨 만리장성을 축조했다. 그러나 정작 그 진나라를 망하게 하는 '호'는 흉노족이 아니라 바로 둘째 아들 호해(胡亥)를 가리키는 것이었다. 호해는 얼떨결에 2세 황제로 즉위했으나 환관 조고(趙高)에게 농락당한 끝에 죽었으며 그 후 진나라는 항우(項羽)에게 멸망당하고 만다. 결국 망진자호야의 의미는 "집안을 망하게 하는 자는 너희 집안 안에 있다."는 뜻이라 볼 수 있다. 한 나라와 마찬가지로 직장이나 가정도 늘 내부의 문제가 없는지를 살펴야 한다. 개인주의가 팽배한 경쟁사회에서 인간은 자신의 목표를 향해 매진하면서 자신의 이익만 추구한다. 그러다 보면, 대부분 세상을 각박하게 살아가면서 물 흐르듯 자연스럽게 보지 않는다는 문제점들이 발생하는 것이다. 곧 서로의 의사 존중과 나름의 가치를 인정하지 않으려는 것이 경우에 따라서 스트레스가 된다는 것이다.

사람들은 휴식을 통해 육체적, 정신적 건강을 유지하고 삶의 에너지를 재충전한다. 그런데 사람들은 할 일이 너무 많아서 쉬거나 놀 시간이 없다고 말한다. 여가는 '남은 시간'을 뜻하기도 하지만 '틈', 혹은 '짬'이라는 의미도 있다. 시간이 많아도 틈을 내지 못 할 수도 있고, 시간이 부족하지만 틈을 낼 수도 있다. 시간이 남아돌지 않는다면 틈틈이 내가 좋아하는 것을 하면 된다.

그렇다면 여가를 어떻게 보낼 것인가?

여가를 자기 스스로 만들어야 하는 것처럼, 어떻게 쉬고 어떻게 노는가도 자신에게 달려있다. 망진자호야처럼 내부의 문제가 없는지를 살펴야 한다. 답은 '해야 하는' 것이 아닌, '하고 싶은' 것이 무엇인지를 생각하면 답을 찾을 수 있을 것이다. 활동적인 스포츠를 즐기며 스트레스를 풀 수도 있고, 손가락 하나 까딱하지 않고 가만히 누워있어도 좋다. 여가시간까지 효율적으로 보낼 필요는 없다. 굳이 평소 우선순위에 밀려서 못했던 게 뭔지 고민할 필요도 없는 것 같다.

성공과 행복이 비례하지 않는다는 사실은 다들 알고 있다. 그런데도 사람들은 하나같이 대부분이 성공을 통해 행복해지고자 한다. 미래의 행복을 위해 자신에게 여유를 주지 않는다. 그것은 현재의 행복을 포기하는 것 일 수도 있다.

시간과 돈을 소비하며 즐기고 마는 유흥은 시간 낭비가 될 수도 있겠지만 진정한 여가는 삶의 만족과 존재감을 느끼게 해주는 대단히 생산적인 시간이다. 당장만 보면 시간을 버리는 것 같지만 인생이라는 시각에서 좀 더 멀리 보면 시간을 채우는 일이다.

느림의 삶이 또한 여운이 있는 다른 면의 쉼표일 수도 있다. 행복전도사의 어록에 의하면, 하루에 한 번 더 웃고, 한 번 더 칭찬하면 내가 한 번 더 즐겁고, 한 번 더 행복해진다는 말이 있다.

그래서 우리 일상에 쉼표 하나를 더 찍는다면 더욱 풍요로운 삶이 되리라 생각해 본다. 느림의 삶이란 건강한 삶을 살기 위한 쉼표이다. 즉, 슬로 라이프다.

우리는 쫓기며 산다. 천천히 살고 싶어도 빨리! 빨리! 라는 의식 때문에 마음대로 되어주질 않는다. 이는 나 개인적인 현상이 아니라 우리 사회의 전반적인 현상인 것 같기도 하다.

과연 우리는 어떠한 속도로 살고 있는가? 나 자신에게 반문하면서 살아가고 있는가? 삶의 쉼표가 있는 인생! 만약 빨리 빨리 외치던 평범한 일상에 쉼표 하나를 찍는다면 우리의 삶은 얼마나 또 어떻게 달라질까? 삶의 속도를 줄이자! 그러면 삶의 여유가 우리를 포근히 감싸줄 것이라 기대한다.

우리의 행복지수

우리나라의 행복지수는 171개국 중 103위를 차지하고 있다는데, 경제력으로 볼 때 이해가 안 되는 부분이다. 어쩌면 빨리 빨리 때문은 아닐까?

먼저 가정에서는 가족과 자신을 위해서 나아가서는 동료와 자신을 위해서 시간을 쏟아라. 이때 쉼표 하나를 찍자.

둘째, 취미생활을 적극적으로 하자. 이때 쉼표 하나를 찍자.

셋째, 밀접한 대인관계를 맺고 휴식하자. 이때에도 또 하나의 쉼표를 찍자. 이전보다 휴식이 더 즐겁지 아니한가!

쉼표 인생을 살자. 그리고 마음속의 표지판 "천천히"를 하나씩 세워두자.

우주 정거장이 생기고 길이 움직이는 세상이지만 언젠가부터 다른 한 쪽에선 더딤을 지향하는 느린 마을이 생기고 기차가 다니던 길을 라이더들이 메꾸고 있다.

먼지만 쌓이던 역사의 길들도 변신하고 재현된다. 오랠수록 깊은 맛이 우러나는 법이다. 가을의 아름다운 단풍도 봄의 새싹, 여름의 푸르름, 그 뒤에 오는 참으로 아름다운 누림이리라.

느림의 미학 즉, 아날로그 미학을 추구하고 삶의 질을 높이기 위해 노력하는 사람들이 흥미를 갖는 도시나 슬로라이프, 슬로시티 바람이 힘차게 불어 바뀌어가는 모습들이다.

"유유자적한 도시, 풍요로운 마을"이라는 뜻의 이탈리아어 '치타슬로(cittaslow)'는 즉석식(fast food)을 밀어내고 여유 식으로 바뀌면서 생겨난 신성도시다. 요즘은 주거환경도 도시보다는 농촌의 삶을 선호한다. 먹 거리가 다소 비싸더라도 유기농법으로 재배된 농산물을 찾아다니고 천연, 프리미엄 등의 단어가 들어간 제품들이나 무항생제, 무 농약, 무성장촉진제 등 무(無)자가 들어간 농작물을 일부러 찾아 선택한다.

여행상품도 '올레길 걷기'도 있다. 이런 문화를 즐기는 사람들을 슬로비족(slobbie)이라 한다. 빠른 속도와 생산성만을 강요하는 빠른 사회에서 벗어나 자연, 환경, 인간이 서로 조화를 이루며 여유 있고 즐겁게 살자는 어찌 보면 당연한 삶의 모습이리라. 속도는 기계의 시간이며 느림은 자연의 시간이다.

느리게 산다는 것은 초고속으로 질주하고 있는 자본주의 문명의 광기를 제어할 대안적 삶으로 자연친화적이며, 인간다운 삶을 의미한다. 이는 작은 것, 느린 것에서 아름다움을 찾아 진정한 웰빙을 누리고자 하는 현대인의 영원한 염원이기도 하다.

이제 "빨리 달려가면 갈수록 삶이 여유로워지기는 커녕 더 빨리 달리라고 채찍질 당한다"라는 〈피에르상스〉의 이야기에 귀 기울임을 넘어 더 깊숙이 들어가야 한다는 생각이 든다.

삶의 질감을 높이는 천천히 먹기, 천천히 살기 등을 통해 편안한 삶을 추구하는 슬로라이프 운동은 우리나라에서도 이미 시작되었다. 느린 것과 오랫동안은 동의어다.

우리는 모두 1등만 섬기는 사회에서 살고 있다. 그건 함께 사는 방법이 아닌데 말이다. 다 다르니까 완벽한 평등은 불가능하겠지만 느리지만 함께 나누면서 사는 게 더 좋은 세상이 아닐까 싶다. 날고뛰는 능력을 가진 사람들이 기고 구르는 사람들과 함께 결승점을 통과하는 기적이 여기저기서 일어났으면, 그래서 모두가 부들부들한 질감으로 행복한 삶이었으면 좋겠다.

여가의 조건

사람은 휴식을 통해 육체적, 정신적 건강을 유지하고 삶의 에너지를 재충전한다. 그런데 대부분의 성실한 사람들은 할 일이 너무 많아서 쉬거나 놀 시간이 없다고 말한다. 여가를 즐기고 싶은데 아예 여가가 주어지지 않는다는 말이다. 여가는 '남는 시간'을 뜻하기도 하지만 '틈', 혹은 '짬'이라는 의미도 있다. 시간이 많아도 틈을 내지 못 할 수도 있고, 시간이 부족하지만 틈을 낼 수도 있다. 시간이 남아돌지 않는다면 틈틈이 내가 좋아하는 것을 하면 된다. 그렇다면 여가를 어떻게 보내야 할까? 여가를 스스로 만들어야 하는 것처럼, 어떻게 쉬고 어떻게 노는가도 자신에게 달려 있다. '쉬는 것', '재미있는 것'과 '아무것도 하지 않는 것'으로 나누어 생각 해 보자. 이들 셋의 차이는 '해야 하는' 것이 아닌 '하고 싶은' 것이 무엇인지 생각하면 그 차이를 찾을 수 있다. 활동적인 스포츠를 즐기며 스트레스를 풀 수 있고 손가락 까딱하지 않고 가만히 누워있어도 좋다. 여가시간까지 효율적으로 보낼 필요는 없다. 굳이 평소 우선순위에 밀려서 못했던 게 뭔지 고민할 필요도 없다. 성공과 행복이 반드시 비례하는 것만은 아니다는 사실을 다들 알고 있다. 그런데도 사람들은 성공을 통해 행복해지고자 한다. 미래의 행복을 위해 자신에게 여유를 주지 않는다. 그것은 현재의 행복을 포기하는 것이다.

시간과 돈을 소비하며 즐기고 마는 유흥은 시간 낭비지만 진정한 여가는 삶의 만족과 존재감을 느끼게 해주는 대단히 생산적인 시간이다. 당장만 보면 시간을 버리는 것 같지만 인생이라는 시각에서 좀 더 멀리 보면 시간을 채우는 일이다.

쉴 줄 아는 사람이 일도 잘 한다. 나 역시 세월이 한참 지난 후에서야 비로소 이런 사실을 알게 되었다. 여기서 생산적이고 창조적인 여가의 조건을 생각해 보자. 어떤 시간을 어떻게 보내야 에너지를 제대로 충전할 수 있는지 이따금 고민하는 시간을 가졌으면 좋겠다. 누군가에게는 푸르고 넓은 바다보다 생각에 따라서는 휴식을 취할 수 있는 집이 좋을 수도 있고, 북적북적 거리는 휴가지보다 문화와 예술의 향기가 있는 도심에서의 휴가가 더 어울릴지도 모르는 일이니 말이다.

'일과 삶의 균형'이라는 말은 1970년대 후반 영국에서 제일 먼저 사용됐다고 한다. 여기서 '일의 영역'이란 경력관리, 개인적 야망을 뜻하고 '삶의 영역' 이란 건강, 즐거움, 레저, 가족. 영상을 뜻한다. 일과 삶이 균형을 이룬다는 것은 이 두 가지 영역이 적절히 조화를 이룬다는 의미일 것이다. 성장과 경쟁만을 일삼는 사회에 회의감을 느꼈기 때문이었을까? 현대인들은 극심한 경쟁과 생존의 몸부림으로 지친 사람보다 일도 삶도 적당히 균형을 이루며 조절해 가는 사람들을 오히려 인정하는 분위기다.

최근 사회의 전반적인 분위기는 여가를 장려하는 쪽으로 바뀌어가고 있다. 기업에서도 대부분의 산업이 기계화되고 로봇화 된 것이 주 원인이 되겠지만, 이로 인해서 대부분의 기업들이 주 5일 근무제, 40시간 근무제, 대체공휴일, 시간유연근무제, 연월차휴가 등을 실시하며, 육아휴

직을 권장, 확대 실시하고 있어서 휴가는 점차로 늘어나고 있는 추세다.

시간은 이렇게 확보되고 있는데 반해 여가를 어떻게 보내야 하는가를 계획하는 것은 아직 아주 미숙하다. 우리나라 사람들의 여가는 선진국에 비하면 소극적이고 단조롭다. TV시청, 등 ,산책, 여행, 스포츠 등이 대다수를 이루고, 휴가를 떠나면 먹고 마시는데 너무 많은 시간을 할애하고 있는 것이 아닌가하는 생각이 든다. 진정한 여가란 어떤 것이어야 하는지, 무엇이 진정 나에게 휴식과 에너지를 주는지 여가 시간을 가지게 되었을 때 그 여가의 건전한 활용 방안을 모색하고, 여가에 참가하는 사람이 다수일 때는 토의나 브레인 스토밍(brain storming) 등을 통하여 좋은 아이디어를 창출하는 것도 좋은 방법이 될 것이다.

지구오염의 가속화

가족 끼리든, 각종 모임이든 간에 일반적으로 우리가 휴가를 떠나면 대체로 우선 적절한 숙소를 잡는 것이 우선이다. 막히는 길을 뚫고 가서 숙소에 들어가 휴대폰만 쳐다본다. 저녁에 놀이를 하든지 술이나 거하게 마시고 또 막힌 길을 돌아서 온다. 여가를 여가답게 보내지 못하는 대다수 사람들의 휴가 패턴이다. 상황이 이렇다보니 쉬려고 떠난 휴가지에서 또 다른 스트레스를 얻어온다. 그러나 엄밀히 말해 이런 휴가는 여가가 될 수 없다. 몸과 마음의 진정한 휴식이 될 수 없기 때문이다.

요즈음은 지구온난화, 지역에 따른 혹한의 강추위와 미

세먼지에 인간과 지구가 몸살을 치르고 있다. 옛날의 삼한사온은 이제는 삼한사미라 한다. 지난 여름 경남 산청에 있는 두매 산골에서 청아한 여름밤의 공기, 하늘 가득 쏟아지는 별빛, 고요함 속 달콤한 수면, 사랑하는 사람들과의 도란도란 주고 받던 대화, 이러한 행복한 여가를 그림으로 그려보라면 대충 이런 장면이 아닐까? 여기에 파도 소리나 나뭇잎 부딪히는 소리가 들린다면 더할 나위 없을 것이다. 그러나 현실은 딴판이다. 선명한 별을 본지 오래고 북두칠성을 찾기가 힘들다. 시끄러운 소음은 밤낮으로 귀에 거슬린다. 실제로 우리나라의 빛 공해 수준은 세계 2위로 악명이 높고 소음 공해 또한 만만치 않다. 미세먼지가 매일 출몰하는 것도 문제다. 요즈음은 미세 중금속이라고도 한다. 일과 삶의 균형이 인류의 역사상 어느 때보다 중요하게 여겨지는 지금, 이런 공해들은 생산적이고 창조적 휴식을 위해 적극 관리해야 할 대상들이다. 행복한 여가를 만들어주는 표준, 어떤 노력들이 이루어지고 있는지 살펴본다.

국제 천문 연맹은 자연 상태의 밤하늘 보다 10%이상 밝은 상태를 빛 공해로 규정하고 있다. 우리나라 역시 대표적인 빛 공해 지역이다. 미국과 이탈리아 과학자들이 〈사이언스 어드밴시스〉에 발표한 바에 따르면 지구촌 인구의 80%이상이 인공조명에 오염된 하늘아래 살고 있다. 지나치게 강한 인공조명은 인간의 건강은 물론 생태계에도 좋지 않은 영향을 미친다.

이에 환경부에서는 인공조명에 의한 빛 공해 방지법을 마련 시행하고 있다. 우선 2018년 까지 빛 공해 기준 초과율을 13%까지 낮추고 연차적으로 낮추겠다는 계획이다. 규격에 맞는 조명은 삶의 질을 개선하는데 직접적인 영향을 미친다. 물론 여가의 질을 보상해 주는 것도 그 역할중 하나다.

소음은 사실 매우 주관적인 것이다. 그 음원이 무엇이든 듣는 사람이 싫으면 그것은 모두 소음이다. 소음에 대한 규제는 활성화 되어 자동차, 항공기, 기차, 전철 등 교통수단의 소음은 물론 층간소음, 가전제품 소음까지 점차 영역이 확대되고 있다.

도시는 어느 정도 배경소음에 대해 관대한 반면 시골은 조용하기 때문에 요구수준이 높다. 유동음향센터는 풍력발전기의 방사소음에 대해 특정평가를 실시하는 한편 이에 대한 규제 기준 마련에 있어 과학적 근거를 제시하는 역할을 하고 있다. 삶의 질을 높이기 위해 가전제품에도 소음등급제를 적용하고 있다. 이처럼 소음공해의 범위가 넓어지고 요구조건과 수준이 높아지는 상황 속에서 소음 측정 표준 연구와 서비스도 더욱 확장되고 고도화되고 있다.

근래에는 황사 등 미세먼지에 대한 사람들의 불만과 불안이 심각한 상태다. 특히 중국의 급속한 산업화로 인한 미세먼지 유입증가로 체감오염도가 더욱 악화되고 있다. 이에 따라 환경부에서는 자동차, 건설기계, 발전소 등에서 배출되는 미세먼지에 대한 관리감독을 강화하고 있다. 대기환경표준센터(KRISS)는 공기의 질 관련 분야들에 대해 더 정확한 표준물질을 제공해 각종 제품에서 발생하는 대기오염물질을 관리하고 있으며, 법이나 규제를 마련하는 데 자문을 제공함으로서 쾌적한 환경을 위한 공기 질 개선에 최선을 다하고 있다.

빛, 소음, 대기오염 등 측정이 사람들에게 영향을 미치는 원인에 관련된 것이었다면 생체신호를 측정하는 표준은 사람들이 그런 원인들을 어떻게 느끼는지에 관련된 것이다. 이 또한 개인적인 차이가 크기 때문에 심장 박동이

나 심전도, 뇌파 등 전기적 신호를 통해 값을 내는데 주력한다. 사회는 이미 1인 사회로 접어들었고 고령자나 독거자의 편안한 생활을 위해서는 생체신호를 잘 활용해야 하기 때문이다.

에디슨이 전구를 밝힌 후 인류에게 열어준 불야성의 시대, 그러나 현대인들은 빛을 얻은 대신 자연의 편안함, 여가, 상상, 휴식을 제대로 누리지 못하게 됐다. 그 뿐 아니다. 화석연료, 자동차 배기가스 등으로 인한 미세먼지, 소음공해 등은 편리한 일상의 대가로 얻은 부작용들이라 할 수 있다. 그 동안의 성장의 가치, 일의 가치, 효율이 그 무엇보다 중요했으니 어느 정도는 눈감아 줄 수 있었다. 그러나 이제 지구 오염의 가속화로, 일만큼이나 환경과 휴식이 중요해진 시대, 인류는 잃어버린 가치들을 어떻게 회복해 갈 수 있을까를 고민하면서 연구를 거듭하고 있다. 그에 대한 방안과 규제를 실천하면서 보다 나은 방략을 만들기 위해 우리 모두가 적극적으로 협조하고 노력해야할 것이다.

군맹무상(群盲撫象)

요즘처럼 심각한 환경오염으로 인한 기후변화가 현실로 다가 온 것이 주로 인간들의 행동의 결과라고 믿는다며, 지구온난화가 허구라고 주장하는 사람들의 주장을 읽을 때 어떻게 느끼고 받아들여야할지를 생각해 보자. 그가 주장하는 글을 통해 자신의 믿음이 실제로 옳은 것인가 하는 의문을 갖게 될까? 아니면, '세상에, 저 사람은 석유업계의 로비에 놀아나고 있어' 혹은 '저런 멍청이가 있나?'라고 생각하는 것이 즉각적인 반응일까? 대기오염이나 환경오염은 모두 심각하게 느끼면서도 서로가 의견이 다르다.

영화를 본 뒤 당신은 그 영화가 정말 감동적이라고 생각했는데 같이 본 데이트 상대는 그 영화가 끔찍했다고 말한다면, 당신은 자기 관점의 주관성에 의문을 품게 될까? '어쩌면 내가 틀렸을지도 몰라.' '우리의 입장 둘 다 맞는 말이야'라고 생각할까? 아니면 '이 남자 별로 똑똑하지 않아' 혹은 조금 너그럽게 '이 사람은 독립영화를 좀 더 접할 필요가 있는 것 같아' 라는 식으로 데이트 상대를 재평가하기 시작할까? 자신의 의견이 다른 사람은 누구든 불신하고 자신의 관점을 유지하려는 일련의 과정은 거의 무의식적으로 이루어진다.

사법체계에서 숨겨진 불평등을 범죄심리학과 신경과학 등으로 해부해 보면 유사하다는 것을 알 수 있다. 우리는 가끔 자기에게 해를 끼친 불량배나 테러리스트 같은 사람들의 아픔과 고통을 즐긴다. 그들의 불행이 장래의 우리를 한층 안전하게 해주는 것과는 전혀 상관없을 때조차도 말이다. 그렇다면 실제로 우리가 처벌하려는 동기는 무엇인가? 답은 우리 생각과는 많이 다르다. 도덕적 처벌 문제가 나오면 우리는 자신이 합리적인 추론자라고 느낀다. 내가 여러분에게 애완용 개를 죽여 고기를 먹는 행동이 옳은지 그른지 물으면, "당연히 잘못이죠!" 라는 대답에

이어서 내가 잘못된 이유가 무엇이냐고 추궁하면 몇 가지 이유쯤은 쉽게 말 할 수 있을 것이다. 그러나 모든 문제는 확신하는 것과 옳은 것 사이에는 차이가 있다. 한편으로 모든 사람이 우리가 보는 방식 그대로 사물을 보지 않는다. 그야말로 제 눈에 안경이다. 상충하는 관점 혹은 믿음을 가지고 있는 사람들을 마주쳤을 때 우리는 어떻게든 해결하고 싶은 강한 충동 내지는 욕구를 경험한다. 한 가지 방법은 증거를 재평가하고 스스로의 객관성에 의문을 품는 것이지만 우리가 그런 방법을 택하는 일은 좀처럼 없다. 오히려 상대의 상반되는 입장을 설명해줄 성격적인 결함을 찾음으로써 상대의 관점을 무시할 생각을 한다.

주로 정치적 비판을 할 때 사용 되는 것으로 내로남불이라는 조어에서도 엿볼 수 있듯이 이 내로남불 이란 이중 잣대를 갖고 자신과 상대방에 대하여 평가할 때 사용한다. 로맨스라는 표현을 지극히 정상적이며, 개인적인 취향으로 평가하는 반면 불륜은 가정이 있는 사람이 다른 사람과 밀정을 하는 관계를 나타냄으로 사회적으로 지탄의 대상이 되도록 만든다. 즉, 자신의 행위에 대해서는 도덕적 기준을 낮게 하고, 상대방이나 적에 대하여는 도덕적 기준을 높게 하여 상대를 궁지로 몰아간다는 것이다.

벤자민 프랭클린은 청년시절 자만심이 강해서 상대방과 대화 시 자기가 대부분의 얘기를 다 하면서 상대에게 어디가 잘못되었는지를 말하곤 하는 바람에 사람들은 멀리서 그가 걸어오는 것만 봐도 그를 피해 길을 가곤 했다고 한다. 그의 한 친구가 그의 습관적인 오점을 지적해 주었고 사례를 들어 납득시켰다. 그 후 크게 반성하여 50년이 지나 79세 때 벤자민 프랭클린은 그의 자서전에 대화에서는 자신의 습관을 고치고 '혀를 이용하기보다는 귀를 이용'할 때 지식을 습득할 수 있다고 침묵을 강조했다.

속담에 '장림 코끼리 말하듯 하다.' 라는 말이 있는데 이 말은 장님들이 코끼리들 더듬어만 보고 그 모양을 말한다는 뜻이니, 좁은 소견과 주관으로 사물을 잘 못 판단한다는 것을 이르는 말이다. 앞에 언급한 인간관계, 정치나 사회문제도 전반적으로 우리 모두가 어쩌면 장림 코끼리 말하듯 하는 편협 된 오류를 범하고 있지는 않은지 성찰해 볼 필요가 있지 않을까. 위 속담은 군맹무상 이라고 불교 경전에서 유래된 고사 성어이다. 옛날 왕이 대신을 시켜 코끼리를 놓고 장님 3명을 불러 코끼리를 만져보고 와서는 이야기 하라고 했다. 한 장님은 배를 만져보고 바위처럼 크고 넓은 벽이라 하고, 다른 한 장님은 다리를 만져보고 네 개의 기둥이라고 말했다. 마지막 장님은 코를 만져보고 구렁이처럼 징그럽게 움직이는 것이라고 말했다. 이 이야기에서 코끼리는 석가모니를 비유한 것이며, 맹인은 중생을 비유한 것이다. 이처럼 중생은 석가모니에 대해 부분적으로 이해를 하고 있을 뿐이며 각각의 습관적인 생각이 따로 존재하고 있다는 것을 보여 주고 있다.

현대라면 더 좋은 방법은 라식수술을 받든지 어쩌던지 눈을 떠서 직접 보는 것이 더 옳겠지. 일반적으로, 사람의 마음속에는 영안이 있다고 하니까.

많은 사람들이 서로 너무 많이 다른 데 이 시대에 보다 특출한 현인이 나타나 이러한 사태를 해결해 줄 수는 없는 것일까? 우리 모두 마음의 눈을 크게 떠 보자.

소비심리와 팬데믹

우리는 하루에 얼마나 자주 커피를 마실까? 직장시절에는 나 자신도 이런 저런 이유로 하루에 5~6잔 정도 마시고 즐겼다. 요즘 커피를 좋아하는 젊은이들은 일반적으로 아침에 일어나 잠을 깨우기 위해 커피 한잔 , 아침 식사 후 한잔, 점심을 먹고 난 후 피로를 달래기 위한 커피 한잔, 친구들과 대화하면서 한잔, 저녁에 책보면서 한잔, DVD나 TV 영화 등을 보면서 한잔, 평소 커피를 마실 때는 느끼지 못했지만 의식하며 횟수를 헤아려 보니, 생각보다 횟수가 많다는 것을 알게 되었다. 경제적으로 보면 인간은 합리적으로 선택하여 효용의 극대화를 추구한다. 그런데 커피 한잔의 값에는 연연하지 않으면서 배송료는 비합리적이라고 느껴. 필요 없는 물건까지 구매해버리는 선택이 과연 합리적일까? 물론 커피 한잔에는 맛과 향뿐 아니라 카페의 분위기와 상대와의 즐거운 대화, 독서 등 하나의 문화를 제공하고 있다.

그러면 시장 경제에서 소비심리는 일반 사람들의 의식적이고 합리적인 판단에 의해 이루어질까? 슈퍼마켓이나 대형마트를 한번 둘러보면 행사가격으로 980원, 1,980원, 19,800원짜리 상품들을 많이 볼 수 있다. 이러한 가격표에 대하여 대부분의 구매자들은 어떤 생각을 할까? 모든 사람들은 할인된 가격이기 때문에 빨리 구입하는 것이 자신에게 이익이라고 느낀다. 하지만 이 또한 행동 경제학의 원리를 사용한 예시일 따름이다. 바로 '단수가격(端數價格) 전략'을 이용한 가격정책이다. 단수가격전략은 소비자의 심리적인 부분을 이용한 방법으로 제품가격의 끝자리를 단수, 즉 끝수로 표시하여 소비자가 물건을 구입할 때 원래가격보다 활인된 합리적인 가격이라고 느끼게 만드는 전략이다. 공급자는 기분 좋게 적당히 활인해서 더 많은 구매를 부추길 수 있고, 소비자도 할인된 가격에 기분 좋게 소비를 할 수 있게한다. 하지만 이 전략에 속아 과도한 지출로 이어지는 일은 없었으면 좋겠다. 그래서 앞으로는 무턱대고 할인된 가격이라고 좋아하지 말고 유효기간 등을 살펴보고 냉철하게 비교해 보아야 할 것이다. 지난 주 소비자 심리지수가 3개월 연속 약간의 회복세로 나타났다. 코로나 19이후 마이너스였던 지수가 반등하는 모습이지만 코로나19 전과 비교하면 여전히 아주 낮은 지수다. 코로나 19의 세계적인 팬데믹(pandemic)으로 앞으로 더욱더 이러한 심각한 상황이 세계적으로 지속될 것이 정말 우려된다. 소비심리는 여자들은 일반적으로 남성적 이미지의 제품을 받아들이지만, 남성들은 여성적 이미지의 제품을 거부하는 경향이 있다. 그리고 사회적 계층에 따라 소비심리의 패턴이 현저하게 달라진다.

요즘 코로나19 감염 병 역학조사 강화를 위해 다양하게 사용되는 QR코드를 활용한 전자출입명부 도입이 시작되었다. 노래연습장이나 감성주점, 유통물류센터 등 12개 고 위험 시설은 얼마 전부터 반드시 QR코드 체크인 시스템을 갖춰야 한다. 간단하게 이야기하면 종이에 적던 방명록이나 출입기록부를 디지털화 하는 일이다. 코로나19로 경기가 둔화되고 물가인상에 따른 구매자들의 소비심리도 비장하다. 이러한 비상시국에 변화를 꿈꾸면서 과거의 행동에서 벗어나지 못하는 것은 익숙함, 게으름과 두려움 때문이다. 인간의 감정은 생각에서 나온다. 그리니 소비자는 이렇게 빠르게 디지털화 되는 전략에 익숙하도록 생각하고 행동해야 되겠다.

시간, 인맥과 공간

한 인류학자가 유럽 사람의 대부분은 자신의 소중한 하루를 아무리 고가라도 결코 팔지 않겠다고 주장하는 반면에, 동양인의 대부분은 명품 가방의 가격을 기준 삼아 대답한다고 말했다. 행복은 반드시 무언가 큰 것을 이룬 다음에 오는 것만은 아니다. 자신이 있는 곳 '이 곳'에 만족하고 '지금' 하고 있는 일에 집중해서 행복을 느낀다면 그 자신은 진정 행복한 사람이다. 지금이란 것은 평생에 한 번뿐인 새로운 오늘임으로 더욱 중요하다.

이러한 '지금 이 순간'을 위해 열정을 다하면 승리하게 되고 작은 행복들이 쌓이면 행복한 승리를 할 수 있는 것이다. 일면 뒤집어 보면 승리도 패배도 모두 결과가 아닌

과정이므로 열심히 노력하고 집중하면서 자신과 만나는 연습을 자주 하는 것이다. 그러고 나면 그들은 최선을 다한 자신을 칭찬하고 박수를 힘차게 보낼 수 있다. 타인에게 먼저 '고마워' 또는 '사랑해'라는 말을 먼저 말 할 마인드를 가진 자가 늘어나야 한다. 지금 이 순간을 위해 열정을 다 하는 사람이 행복한 사람이 되어 자신과 주위 사람들까지 새롭게 신바람이 나게 만든다. 인간이란 타인으로부터 칭찬받고 해낼 수 있다는 평가를 받게 되면 자신감이 충만해 지고 잠재력을 발휘하여 엄청난 결과를 낼 수 있다.

솔직한 자세를 갖추지 못하거나 차분한 마음이 없으면 자신의 뜻을 펼 수가 없다. 그러하니 학문을 익히면서 반드시 차분한 마음을 갖춰야 한다. '능력을 키우려면 반드시 학문을 익혀야 한다. 게으르고 나태하면 앞으로 나아갈 수 없고, 음험하고 조급하면 좋은 품성을 기를 수 없다. 세월은 화살같이 지나간다고 현자들은 자식에게 늘 학문과 시간의 중요성을 강조하고 훈계했다.

날마다 새롭게 삶을 다시 사랑하게 되는 공간, 시간, 인맥 정리를 어떻게 하는 것이 바람직한가를 생각해 보자.

우리가 살아가는 인생에는 끊임없이 새로운 일, 물건 등 정리할 것이 들어오고 있다. 그러나 이들을 제때 정리해 흐름을 만들지 않으면 곧 혼란한 상태에 빠지고 만다. 더 이상 '언젠가'로 미루지 말자. 나는 꼼꼼한 A형이 아니라 정리를 못한다고 하는 사람도 있다. 본래부터 정리를 잘 하는 유전자란 없다. 정리는 절대 한꺼번에 할 수 있는 게 아니라 생각된다. 지속적으로 청소를 나누어 하는 것이 바람직하다고 한다.

몸에 익은 습관과 마음가짐을 하루아침에 바꾸려 하지 말자. 하루에 단 20분 정도만 투자하면 된다. 날마다 조금씩 새롭게 가벼운 마음으로 자신이 존재하는 이곳을 정리하다 보면 나도 정리를 잘 할 수 있다는 자신감이 붙게 된다. 그 활기찬 기운이 다른 부분에도 옮겨가게 된다. 정리는 일상의 질서로 인생의 질서를 되찾는 마법이다.

세계적으로 성공한 기업, 구글, 애플, 필립스 등은 추구하는 가치나 경영방향에 단순함을 강조한다. 예를 들면, 그들은 '불필요한 회의를 하지 말자!'는 것이다. 인생이란 인간의 의지로 통제 할 수 없는 다양한 법칙들의 영향을 받는다. 그것은 운명론 일 수도 있고 신의 법칙일 수도 있다. 그래서 자신의 삶에 최선을 다했다면 결과를 있는 그대로 받아들이는 습관을 키워야 한다. 자연 철학자인 헨리 데이비드 소로(Henry David Thoreau)는 월든 호수 가에 방 한 칸의 집을 지어 살면서 단순한 생활을 누렸다. 그는 단순한 삶이란 최소의 필수품으로 사는 것이며 단순할수록 신과의 관계 같은 중요한 일에 집중할 수 있고 더욱 신성한 길을 추구할 수 있다고 믿었다. 삶이 단순해야 우주의 법칙도 그 복잡함이 줄며 우주의 주변과 더욱 행복한 관계를 맺을 수 있다고 생각했다.

공간을 채우고 있는 모든 것, 즉 물건, 일, 심지어 생각까지도 유효기간이 있다는 것을 인정하자는 것이다. 시기가 지난 주변의 모든 것들을 깨끗이 비우자. 이런 것들을 비워야 효율적이고 지속적으로 성장하는 삶을 살 수 있게 된다고 한다. 먼저, 매일 새롭게 시간, 인맥, 공간을 정리해 보면서 만나는 사람을 바꾸는 것이다. 우리는 소셜 네트워크(SNS)를 이용해 새 인물을 만날 수 있다. 자신이 원하는 삶을 살아가는 사람들을 만나 보면 정말 삶이 그렇게 바뀔 수도 있는 것이다. 다음은 새롭게 사는 장소를 바꾸는 것도 유익하다. 공간정리란 단순히 물건을 치우는 것이 아니라, 인생의 짐을 치우는 것이고 새롭게 정비할 수 있도록 발판을 마련하는 것이다. 아시아의 피터 드러커라 불리는 세계적인 경영학자 오마에 겐이치가 말하길, '사람을 바꿀 수 있는 방법에는 세 가지가 있다고 했다. 시간, 인맥, 공간 세 가지를 말하며 인간의 삶을 변화시키기 위해 가장 중요하게 정리해야 할 자원이다.'라고 강조했다.

삶의 주인이 되어가는 정리를 위해서는 지금과 이곳을 중시하며 나 자신부터 먼저 비움, 나눔, 채움의 세 단계를 실천하는 습관을 좀 더 길러보자. 나아가 새롭게 시간, 인맥, 공간을 정리해 보면서 만나는 사람을 바꾸어 보자.

웃으니까 좋은 일

우리 운명이 단 일분 앞이라도 예정된 것을 미리 안다면 우리는 무슨 재미로 살아갈까? 우리는 변화를 꿈꾸면서 과거의 행동에서 벗어나지 못하는 것은 익숙함, 게으름, 두려움 때문이다. 삶은 고난과 역경의 연속이라 우리가 의지와 인내로 살아가자면 웃음과 기쁨도 있지만 자신을 격려하고 다짐하는 시간이 더 많았다.

미래는 몰라서 좋고, 그래서 지혜롭게 용기를 가지고 살아야 한다. 과거의 행동에서 벗어나기 위하여 나를 기쁘게 하는 것들은 찾아 누구와 대화하면서 웃고 즐기는 때에 기쁨이 절로 온다. 스스로 낙관적인 마인드로 웃음을 찾으니 기쁜 일이 생기는 것 같다.

웃는 얼굴에는 가난이 없다. 한 번의 웃음소리가 그 인생을 활기차고 유익하고 복되게 살게 한다. 웃음은 지루하고 힘든 세상에 활력소가 된다. 중국 속담에 '웃지 않는 사람은 장사를 하면 안된다.'고 한다. 살면서 이런 생각을 깊이 있게 해본 당신이라면 적어도 당신은 스스로를 사랑하는 사람일 것이다. 삶의 즐거움은 행복의 기본 선물이다. 하지만 자신의 행복만을 위해 좇는 무분별한 쾌락은 타인에게 혐오와 수치를 준다.

나를 기쁘게 하고 슬프게 하는 것은 무엇보다 가족이다. 다음은 친지들이고, 가까운 친구와 이웃이다. 그 다음으로는 바로 나의 사랑 애완견 앨리와 리치이다. 내가 우울하거나 슬퍼할 때면 내 주변 가까이 와서 나를 정성들여 핥아 준다. 그럴때면 얼마나 웃음이 나오고 기쁜지 반려견을 키우는 분들이라면 이해할 것이다. 복실한 털의 느낌과 내 안에 꼭 안겨 있을 때도 정신적인 힐링이 되는지 엄청 기분이 좋다.

몇 해 전에 담석으로 하루 입원했다 퇴원 하는 날도 난 기뻐서 가족들과 웃었다. 아프지 않았다면 퇴원의 기쁨을 몰랐을 테니 때론 어려움도 기쁨의 뿌리가 될 수 있음을 다시 한 번 깨달았다. 병원에 입원을 하면 가족, 친지, 친구와 이웃의 소중함이 더욱 커지는 것 같다.

기쁜 일을 몇 가지 상기해 보면, 세상만사 비합리적이고 불공정한 처리 과정에 울분을 토하며 개혁을 부르짖는 사람들은 나를 기쁘게 한다. 우리 사회의 부족한 점을 조목조목 지적하며 비판적 시각에서 건실한 대안을 제시하는 지인들은 나를 기쁘게 한다. 소신을 가지고 바른 자세로 일을 처리해야 할 경우와 서비스마인드를 가지고 낮은 자세로 일을 처리해야 할 경우를 구분할 줄 아는 공무원들은 나를 기쁘게 한다. 기성세대의 부조리를 지적하며 참신한 아이디어로 무장된 적극적이고 낙관적인 젊은이들은 나를 기쁘게 한다.

조르지오알마니 양복을 입고, 버버리 넥타이를 매고, 페라가모 구두를 신고, 캘빈클라인 선글라스를 끼고, 발리 열쇠고리로 외제 차 문을 열며, 랄프로렌 폴로 향수로 마무리한 부티 나는 노년의 아저씨를 보면 때로는 기쁘기도 하고 웃음이 절로 나온다.

별것도 아닌 일에 감격하며 한 턱 쏠 시간과 장소를 잡는 귀여운 후배는 나를 기쁘게 한다.

만개한 봄꽃 앞에서 삼삼오오 모여 봄꽃보다 더 싱그러운 웃음으로 사진을 찍는 젊은이들은 나를 기쁘게 하고 웃음을 준다. 나는 나를 기쁘게 하는 것들을 자연에서 찾고 웃거나 미소를 지을 때가 많다. 매일 펴 올리고, 올릴수록 더욱 가득해지는 자연의 그 오묘함이 나는 신기하고 기쁘다.

커다란 단지 안의 아파트가 아닌 산 중턱 이층주택 작은 앞뜰, 이층 거실까지 고개를 들이밀고 있는 장미꽃과 대추나무에 햇빛을 받은 꽃과 작은 열매들이 반짝거리며 익어 갈 때. 이름 있는 인근 산의 큰 소나무나 침엽수가 아니더라도 나는 매일 아침 마당의 화단과 화분 너머로 계절을 만나며 기쁨을 얻는다.

가끔 털털거리는 시외버스를 타고 시골길을 달리다 보면 만나는 가로수와 코스모스, 냇물이 햇빛을 받아 반짝이는 물비늘을 만들며 흘러가고 들판의 벼들이 황금물결로 출렁거릴 때 먼 산의 단풍이 불을 붙이며 다가올 때, 나는 기쁨을 느낀다.

겨울 내 얼어 있던 얼음장을 깨며 졸졸 흐르는 개울물 그 냇가의 한 쪽에서 추위를 이겨 낸 버들강아지가 뾰얗게 고개를 내밀면 작은 생물들도 질세라 새 삶을 찾으려는 바쁜 움직임이 있을 때, 그 경이로움이 나를 기쁘게 한다.

투명한 불꽃처럼 아물아물 아지랑이가 피어오르는 양지쪽 언덕바지에 하얗고 자잘한 냉이 꽃과 노란 민들레가 앞을 다투며 피어오르면 하얀 드레스를 입은 신부가 봄빛 가득 안고 화사한 모습으로 기념 촬영을 할 때, 그들을 바라보는 주변 사람들의 입가에 희미한 미소가 어리는 것을 볼 때, 나도 덩달아 눈가에 웃음으로 잔주름이 생긴다. 실제로 기쁜 일을 하거나 생각하니 웃음이 나오고 웃으니까 좋은 일이 더 생겼다.

좋은 사람을 만나면 기쁜 마음이 생기고 좋은 일만 생긴다. 행복을 찾고 느끼는 것은 순전히 내 몫이다. 가능한 웃음을 생활화하면서 불평이나 짜증에 스트레스를 받지 말고 기뻐하며 웃으면서 살아야지!

제 4부

어른의 아버지

삶의 길을 잃었을 때

소크라테스(Socrates)의 명제

차(茶)로 인한 역사

중국어 스터디

내로남불

어른의 아버지

누나 시집가는 날

벌초하기

주인 정신과 당사자 정신

남상(濫觴)

삶의 길을 잃었을 때

살면서 우리를 웃기고 울리는 것들이 주변에 늘려 있다. 사람, 음식, 물건 같이 눈에 보이는 것도 있지만 눈에 보이지 않는 것들도 있다. 예를 들면, 사랑, 시간과 죽음 같은 것이다. 사랑으로 행복에 겨운 순간 시간이 멈추었으면 하고 바라지만, 속도 모르고 시간은 속절없이 흐른다. 그렇게 반짝이고 아름다웠던 시간들도 죽음 앞에서는 무력하다. 사랑, 시간과 죽음은 늘 우리 곁에 있지만 그것을 인식하지 못하는 동안에는 의미 없는 것이 되고 마는 것이다. 만약 사랑, 시간과 죽음이 우리 눈앞에 실체로 나타난다면, 그것을 어떻게 받아들이고 어떻게 이용하고 처신할 것인지? 아마도 멋있는 정답이 있을 것이라 믿고 찾아보고 싶어진다.

도저히 극복하지 못하리라 생각했던 실패가 오히려 복이 되어 돌아오기도 하고, 기고만장하게 달성한 성공들이 오히려 독으로 작용하기도 한다. 살면서 한번쯤은 누군가를 위해 바보가 되는 경우도 있을 것이다. 운명이라 여기고 모든 걸 신의 섭리에 따르는 거지요. 다만 한 가지 분명한 것은 세상은 꿈이 있는 사람에게 반드시 기회를 준다는 것이다. 날 때부터 금수저를 물고 태어난 사람도 많이 있다. 반면에 자신의 아이디어와 실력으로 자수성가한 사람들에게는 분명 남다른 독특한 면모가 있다. 그들은 무엇보다 긍정적 에너지가 넘쳤고, 그 기운이 바탕이 되어 일을 함에 있어서 자유롭게 하고 주저함이 없는 카리스마를 보였다. 생각은 어느 한 곳에 국한되는 법 없이 유연하고, 어디로 튈지 모르는 그들의 행동은 예측조차 어려웠다.

현대에는 유명한 스티브 잡스를 예를 들 수 있겠다. 그는 독선적인 성격 탓에 자신이 창업한 회사에서 쫓겨나기까지 했다. 그럼에도 그는 실패를 약으로 삼았다. 훗날 기자들의 질문에 이렇게 말했다고 한다. '내가 애플에서 해고되지 않았다면, 애플을 부활시킬 수 없었을 것이다.'라고 했다.

후회는 의무와 도리를 다했고 열심히 살았다는 핑계로 내 삶을 유기한 죄다. 그리하여 후회는 정작 나를 돌보지 않은 죄에 대한 형벌이라고도 할 수 있다. 낙타로 살아 왔음을 깨닫는 순간 내안의 사자가 깨어나고, 사자의 저항과 파괴를 통해서 마침내 자신만의 세계를 찾는 즐거운 어린 아이가 된다. 인생이 너무 즐겁지 않는가! 인생이 짧으나 아직 끝나지 않았으니 이제 하고 싶은 일 하며 살아라고 한다.

그러면 어떻게 살아가는 것이 지혜로운가? 이러한 심미주의가 훨씬 본질적이란 말은 사회의 도덕적 책임보다는 개인의 행복에 대한 욕구가 우리의 삶을 오히려 더 윤리적일 수 있다고 본다. 결국 낯설게 가버린 삶의 부수적인 멋으로 보는 입장이 되는 것이다.

어떤 지인은 삼국지의 주요 인물을 보면 살아가는 길이 보인다고 했다. 남의 말을 경청하는 유비의 귀를 닮고, 지적이며 철저하게 자신을 절제하는 관우를 닮고, 호탕하고 의리에 강한 장비를 닮고, 제갈량의 비상한 두뇌를 닮고, 임기응변과 처세술에 능한 조조를 닮으면 그야말로 금상첨화의 인물이 된단다. 그러나 세상에 이처럼 완벽한 사람이 과연 얼마나 존재할까?

너그럽지만 우유부단한 유비 같은 이도 있고, 너무 결백해 사람이 잘 따르지 않는 관 우 같은 이도 있고, 불같이 화를 내 금세 자신을 드러내는 장비 같은 이도 있고, 똑똑해서 평범한 머리를 이해 못하는 제갈 량 같은 이도 있고, 자신의 약점을 처세술로 가리려는 조조 같은 이도 있으니 말이다. 누구나 장단점이 있는 것이다. 그러나 나름대로 그만의 매력이 있고 모자란 점은 서로 채워가는 재미난 세상이 아닌가. 그렇다고 하더라고 나의 장점과 단점을 잘 알아 그것을 살리고, 없애려고 노력하는 것이 삶일 것이다.

남에게 예의상으로 위선적인 말을 해야 될 경우 참 괴로울 때가 있다. 자신이 내뱉는 말과 자신의 생각사이에 괴리와 모순이 있다. 이러한 괴리와 모순을 알아채면 자신의 태도에 충격 받을 수도 있다. 하지만 그 충격의 힘을 스프링 달린 디딤돌로 이용해서 자신의 인격을 좋은 방향으로 성장시키는 기회로 삼는 것도 가능할 수도 있겠다. 마음이 충실감으로 가득 차려면 마음과 언어와 신체가 완전히 일치되어야 한다. 마음과 언어가 일치하지 않는 모순된 태도에 엄청 스트레스를 받고 있었지만, 보고도 못 본

척하고 덮어 두기만 하면 자신이 알지 못하는 어둠 속에서 문제는 해결되지 못한 체 더욱 커져 버린다. 선택은 두 가지다. '비뚤어진 마음에 언어를 맞추는 것'과 '고운 언어에 맞추기 위해 마음 역시 곱게 만드는 것'이다. 우리 모두 마음 역시 곱게 만드는 것이 좋아요.

소크라테스(Socrates)의 명제

그리스 사람들은 그들의 신화에서 이 세계는 신과 같은 절대자가 창조한 것이 아니라 만물은 자연히 이루어져 조화를 이루게 된 것이라는 합리적인 자연관을 가지고 있다. 그 위에 주신인 제우스(Jeus)와 그의 형제들, 제우스의 아들과 딸들이 모두 신으로서 올림푸스 산에 살면서 각자 다른 역할들을 분담하여 세상을 지배한다는 것이다. 이 올림푸스의 신들이 인간을 만들었으며 생활의 근거가 되는 땅을 중심으로 살아가는 신과 인간은 동족으로 보는 것이다. 이러한 자연, 신과 인간의 관계를 연관 지어 볼 때 마치 중국이 중화(中華)라고 하듯이 모두가 자기 나라가 이 세계의 중심이라고 본 것이다. 이러한 신들을 모시는 신전에 엄숙한 기도나 기원 이외에 시 낭송, 음악, 미술, 연극 공연 등을 위한 시설들은 정말 좋은 착상이었다. 그러한 요구의 연장선상에서 인간의 체력으로 경쟁하는 운동경기가 전국 여러 신전에서 개최되었다. 가장유명한 경기 제전이 제우스신을 찬양하기 위하여 4년마다 올림피아에서 개최되었던 올림피아제로서 고대 올림픽이였으며 이는 그리스가 인류사에 남긴 위대한 업적이라 할 수 있을 것이다.

소크라테스는 기원전 5세기경 활동한 고대 그리스의 대표적인 철학자다. 그는 자신이 직접 어떠한 저술이나 일기를 남기지 않았고, 문답법을 통한 깨달음, 무지에 대한 자각, 덕과 앎의 일치를 중시하였다. 그 당시 그리스 사람들이 소크라테스를 그리스에서 제일 지혜로운 사람이라는 말을 듣고, 그는 그렇지 않다는 사실을 증명하기 위하여 델포이 신전에 와서 그리스 사람들 중 제일 지혜로운 사람이 누구인지를 묻는 신의 계시를 청원했는데 결과는 역시 그가 가장 지혜로운 사람이라는 해답이 나왔다. 이에 소크라테스는 이 신의 계시가 틀렸다는 사실을 증명하기 위하여 6년간이나 천하를 주유하면서 지혜롭다고 이름난 정치가, 시인, 작가, 석공들을 찾아다닌다. 그러나 그들 모두가 오히려 자기보다 더 지혜로울 것이 없다는 사실을 확인 할 수 있었다. 그리하여 어렵게 얻어낸 그의 결론은 "인간은 결코 완전히 지혜로울 수 없다."는 것이다. 그 사실을 솔직하게 깨닫는 과정에서 유명한 명언인 "너 자신을 알라" 라는 인류전체가 걸머져야 할 대 명제를 던져 준 것이라 여겨진다.

그는 국가가 정한 신들을 믿지 않고, 청년을 부패 타락시켰다는 불경죄로 재판을 받고 독배를 마시고 죽는다. 친구나 제자들의 권유대로 도망갈 수 있었으며, 벌금을 내면 목숨을 구할 수도 있었다. 그러나 그는 자신의 신념과 철학에 따라 독배를 마시기로 결정한다. 플라톤 등의 제자들에게 그는 "내가 일단 국법을 불복하는 것은 올바른 일이 아니다. 왜냐하면 그것은 국법과 국가의 공동이익의 파괴를 뜻하기 때문이다. 국법이 명하는 것에 이의가 있다면 가능성은 둘이다. 설득을 하거나 아니면 국법이 명하는 것을 따르는 것이다. 이 이외의 불복종은 올바르지 않다."고 했다. 자신이 주장하는 바를 지키기 위해 목숨을 버린다. 독배를 마시고 죽기 전에 친구이자 제자인 크리톤에게 "아스클레피오스에게 내가 닭 한 마리를 빚졌네, 갚아주게!" 부탁했다. 죽음은 삶의 완성이고 잘 살지 않고서는 잘 죽을 수 없다고 했다.

그의 명언처럼 자신을 안다는 것은 진정 어려운 일이다. 부족하고 어리석은 나 자신도 나름대로 깨닫고 자신을 알고자 어려운 상황에서도 보다 자기 수련에 박차를 가해 최선을 다해 노력하고 있다. 책이 있고 글을 쓰는 즐거움과 인간관계의 희열을 70이 넘은 지금에 겨우 조금은 알 것 같다.

차(茶)로 인한 역사

우리나라의 역사는 세계에 자랑할 만 한 것도 많지만, 반면에 수많은 외부의 침략을 당하고 그에 따른 비굴하고 처참한 수탈을 겪은 사건도 부지기수였다. 금수강산, 이 좋은 나라, 이 좋은 민족을 누가 망하게 했는가? 일본이다. 일본은 누가 깨웠는가? 미국이다. 미국은 자원이 풍부하고 애국심이 강한 힘 있는 국민들이 살고 있는 자타가 공인하는 현 세계 최강국이다. 미국과 유럽의 정치 문화는 어떤 면에서 아주 다르다고 알고 있다. 영국의 이기적인 정책적 잘못이라 볼 수 있다. 특히 보스턴 차(茶)사건(Boston Tea Party)은 미국 독립 전쟁의 직접적인 원인이 되었다. 근대에서 현대로 세계 최강대국으로서 견인차 역할을 해온 영국은 결국 차 때문에 온 세계가 전쟁을 몇 차례 치루었다.

영국은 청나라와 두 차례의 아편전쟁을 일으켰다. 그 결과는 청나라의 국가적인 위기와 불안을 가중시켰다. 이후에는 서양 국가들이 청나라을 침략하는 데 있어서 더욱 대담해졌으며, 청나라 역시 서양 문화와 기술에 대한 열망을 더욱 강하게 느끼게 되었다. 이후에는 동아시아 지역에서 일어난 다양한 사건과 사고가 중국의 국가적인 정체성과 자주성을 강화하는 데에 일조하게 된다.

일본의 도요토미 히대요시는 황금 다실에서 차 한 잔 마시면서 조선과 명나라의 침공을 구상했을 것이다. 결국 명치유신 후 일본은 차의 종주국인 청나라를 쳐서 이겼고, 대한제국을 침략하여 강제 합병하였다. 중국을 시작으로 차가 유통된 과정을 통해서 전쟁이 뒤따른다. 차와 전쟁 사이에는 우연하게도 상당히 큰 상관관계가 있다. 차로 인하여 전쟁의 역사가 한 바퀴 돈 셈이다.

만약에 청나라의 좋은 차가 없었더라면, 청나라와 영국 사이에 아편전쟁인 차 전쟁이 없었을 것이고, 영국과 미국사이에도 전쟁이 일어나지 않았을지도 모른다. 미국이 일본을 강압적으로 깨우지 않았더라면 적어도 일본의 쇄국 정책 기간은 덕천(德川)막부의 권력 유지를 위해서도 작은 평화를 깨뜨리지 않고 유지되어 조선통신사는 지금까지 계속되고 있을지도 모른다.

그렇다고 작은 한반도에 뿌리내리고 사는 우리 민족이 중국이나 일본에 대하여 어떠한 도발이나 전쟁 상태로까지 몰고 갈 가능성은 거의 없기 때문에 동북아시아의 3국인 한국, 중국, 일본 간에는 한국전쟁을 제외하면 현재까지도 작은 평화가 계속되고 있는지도 모른다. 그런데 사람들이 그렇게 애호하는 그 차 때문에 온 세계가 몇 차례 난리를 쳤다.

사람에게 그렇게 좋다고 하는 차의 유통 경로를 통하여 영국식 자본주의(Capitalism)가 급속히 확산되었으므로 한편으로는 차가 최초의 자본주의를 일깨운 결과를 가져오는데 일익을 담당했다고 할 수 있겠다. 그리고 그 자본주의는 몇몇 강대국들에 의한 제국주의와 군국주의의 열풍을 몰고 왔다. 아시아에서는 일본이 제일 먼저 자본주의, 제국주의와 군국주의에 물들었고 주변 국가들은 그들의 침략전쟁으로 인해 가장 큰 희생양이 되었던 것이다.

차 한 잔 자체가 무심한 식물 잎을 기술적으로 삶고 말린 것에 지나지 않지만, 마치 한 방울의 물들이 모여 낙동

강 700 리를 이루듯이 차 한 잔이 모여 세계의 역사를 몇 차례 바꾼 것이다. 차 한 잔의 도미노 현상이라 할까?

차를 즐겨 마시는 나로서 늘 그러하듯이 감미롭고 맛 갈나는 한 잔의 차 맛이 오늘따라 왠지 씁쓰레 하다.

중국어 스터디

지난 2010년 모 대학 공자아카데미에서 실시하는 중국어 강좌를 소개하는 브로슈어도 학교로 와서 우연히 보았고, 지인이 강력히 소개하여 중국어를 배우기 시작했다. 그저 새로 시작한다는 즐거움과 도전해보고 싶은 목표가 있어 기분이 좋았다. 그러나 후반기 퇴직 후 몇년 동안은 개인사정으로 중국어 공부를 하지 않았다. 2017년이 되어서 친구들과 다시 중국어 공부를 하기로 했다. 어학 공부는 나이 들어서 치매 예방에도 참 좋다고 한다. 영어학 박사학위를 받아도 외국인과 영어를 유창하게 구사하지 못한다. 잘 쓰지 않으니 더욱 그렇다. 다른 외국어 독일어, 일본어를 조금 했지만 별로 아는 것이 없다. 외국어란 기억력이 왕성하고 상황인식에 순발력이 있는 젊은 시절에 시작하는 것이 좋고, 가능한한 한살이라도 어릴수록 배우기가 쉽다고 한다. 중국어는 평소 생각했던 것보다는 어렵지 않았다. 조사가 없고 경어를 사용하지 않으니 영어나 독일어보다 쉽다. 다만 한자를 간자체로 표기하고 발음을 성조에 따라 나누는 것이 우리글과 달라서 배우고 익히는데 어려움이 많을 것 같아 걱정되었다. 한자의 간화는 주로 필획을 줄이는데 주안점을 두고 있다.

일본어에서도 한자의 획수를 줄여 쓰면서 상용한자 1,850자를 선정하여 국민들이 보다 쉽게 표현할 수 있도록 하고 있다는 점에서 충분히 이해가 되었다.

그러나 중국어의 간체자는 정자인 번체자에서 획수를 줄여 만들어진 것도 있지만 대부분 전혀 다른 모양으로 나타난다. 한자는 표의문자인데 현대 중국어의 간체자는 이와는 전혀 관련이 없다. 대부분이 가장 간단한 획수의 음을 빌려와서 조합한 신조어이다. 중국어는 전체 인구의 94%인 한족이 쓰고 있는 한어이다. 1949년 중화인민공화국이 성립된 후 북경 말을 표준음으로 삼고 모범적인 현대 구어문의 문법을 규범으로 하는 보통화가 제정되었다. 1958년 〈한어병음방안〉이 비준, 공표되었는데 이는 라틴어의 자모를 이용하여 현대중국어 보통화의 음성을 표기하는 것이다. 복모음을 정확하게 발음한다는 것이 어렵기는 해도 반복 연습하면 듣기에 어색하지 않게 할 수 있을 것 같다.

성조가 문제다. 성조는 어휘에 대한 발음의 장단과 고저를 5가지로 나누어 1성, 2성, 3성, 4성 및 경성으로 구별하는 것이다. 이는 우리말과 다르다. 중국어에는 발음이 같더라도 성조에 따라 의미가 다른 동음이의어가 많으니 지금까지도 익히려고 고생을 많이 하고 있다. 또 하나는 내 기억력의 한계다. 암기가 너무 힘들다. 그러나 재미있는 일도 있다. 부부는 상대를 서로 아이런(àirén:愛人)이라고 한다. 남편도 애인이고 아내도 애인이다. 평생을 그런 마음으로 살아야만 한다고 좋은 표현이라 여겨진다. 그러나 '여보'라는 호칭으로 쓰일 때 아내는 남편을 "라오꽁(lǎogōng;老公)", 남편을 아내는 "라오포(lǎopó;老婆) 라고 부른다. 그러니 젊은 부부끼리 서로를 '노공', '노파'라고 부른다면 한국식으로 보면 이건 좀 이상하다.

중국어에는 외국어 표기가 없다. 외국어를 모두 한어로 바꿔서 나타낸다. 텔레비전은 띠앤쓰(diànshì;電視), 컴퓨터를 띠에나오(diànnǎo;電腦), 슈퍼마켓은 차오쓰(chāoshì;

超市), 커피는 카페이(kāfēi;咖啡)이다. 중화사상에서 비롯된 어문정책이 이런 신조어를 만들게 되었다. 서양인들의 이름을 중국어로 바꾸어 부르는 것은 외국인 시각에서 보면 정말 어색하다. 예를들면, David는 따웨이(大衡;Dawei)이고 John은 유에한(約翰;Yuehan)이다. 이것이 한자라는 문자가 가지는 한계인 것 같다. 소리 나는 대로 정확하게 문자로 표현하기 어렵다는 것이다. 친구들과 만나 발표하고 공부하며 담소를 나누고 상호 좋은 정보도 교환한다. 학습 후에는 다소 보람을 만끽하면서 우리들에게 새로운 활력소를 제공한다. 다음 공부할 범위를 체크하고 일시와 장소를 정한다.

내로남불

종교는 타인을 위한 헌신과 희생, 배려와 봉사를 가르킨다. 종교는 어쩌면 인간으로서 최고의 가치다. 하지만 종교에 헌신이 빠지면 도그마가 되고 또 하나의 폭력이 된다. 순결한 영혼에 대한 폭력이다.

'나는 신이다'에서 드러난 대로 교주는 살인과 테러를 예사로 저지르고, 맹신자들은 교주의 교사에 따라 아바타처럼 범죄를 저질러 사이비 종교가 개인의 문제에 그치지 않고, 사회적 흉기이자 암 덩어리임을 보여주었다. 기성종교라고 할지라도 종파가 다르면 서로 이교도라고 칭하고 비난한다. 정도의 차이일 뿐 기성종교도 사이비 종교와 유사한 행태를 보이는 사례가 적지 않다. "사이비 종교도 종교의 일부인데 종교가 사람을 돌보지 않고 해치는 것을 방치한 데 대한 우선적 책임은 종교계에 있다"며 이런 서로 비난과 이중 잣대의 참담하고 부끄러운 일이 반복되지 않도록 종교계의 각성과 참회와 쇄신 노력이 있어야 한다. 심지어 조상의 제사를 모시지 않으려고 기독교를 믿는 사람도 있다고 한다. 현재 사회 일부 지식층이 종교계가 사이비 종교를 비판하고 제어할 자정 능력이 남아 있을까? 를 생각하면 회의가 든다고 말했다. 일각에서는 "사회가 종교를 정화하고 구원해야 하는 시대가 왔다"고 덧붙이기도 했다. 70년대 오래전 이야기로 이웃에 쌀집을 하는 아주머니는 기독교인이지만 옆집에 불교신자인 친구가 절에 불공드리러 갈 때는 늘 쌀 한 되 정도를 보자기에 정성껏 싸서 드리는 것을 보면서 나는 저렇게 서로의 종교를 존중하는 사회가 되었으면 참 좋겠다고 생각했다.

지역감정 때문에 나라가 망하게 생겼다고 목소리를 높이면서도 막상 선거 때가 되면 어김없이 자기지역 사람에게 투표한다. 지역정당에서 공천만 받으면 당선이 보장되는 선거를 되풀이 하고 있는 것이다. 정치인들이 유권자인 국민에게 오만하고 공천권 자에게는 비굴하며, 그들의 비위를 맞추기 위해 온갖 비리를 일삼는 이유가 여기에 있다. 그래서 우리는 결코 참신한 신인들에게 표를 찍는데 인색해서는 안 되겠다.

역대 어느 정부에서나 법과 정의에 따라 개혁한다고 하였다. 정부가 집행하는 법과 원칙에는 대상에 따라 다른 잣대가 사용된다는 것이다. 설사 같은 원칙이라 해도 여당과 야당의 잣대가 서로 상이한 해석을 하기 일 수다.

자동차 운전자들이 자신은 위법운전을 요령껏 예사로 하면서 다른 사람이 그렇게 하는 것은 참지 못해 차창을 열고는 욕설을 하고 싸운다. 법을 지키지 않은 것은 똑 같은데 나는 괜찮고 너는 안 된다는 것이다.

이러한 내로남불의 원인은 무엇이고 치유 방안은 없는가? 하고 생각해 보면 우선, 우리사회의 모든 지도자들이 먼저 정직하고 진정한 봉사정신과 자기희생의 모범을 보여야 한다. 신분이 높을수록 높은 사회적 책임이 뒤따르는 노블리스 오블리쥬 정신이 절실히 요망된다. 둘째, 모든 우리 국민 들은 자기 자신에게 엄격하고 타인에게는 관대하도록 힘쓰고 최대한 노력해야 되겠다. 셋째, 교권을 존중하고 교육을 바로 세워 국민의 심성을 고양하고 윤리와 도덕을 한층 중시하는 올바른 지식인 양성에 힘써야겠다. 무엇보다 내로남불로 국론을 가르고 분열을 일삼는 일부 정치인들의 각성이 절실히 요망된다. 우리 모두가 법과 정의에 따라 자신에 엄격하고, 남을 배려하면서 봉사정신과 자기희생의 모범을 보여야 한다.

어른의 아버지

윌리엄 워즈워스(William Wordworth)는 '무지개'라는 시를 통해 '어린이는 어른의 아버지'라고 말했다. 이 말은 플라톤의 철학적 개념과 관계가 있는 표현이지만, 이 시대를 살아가는 우리들에게 많은 것을 생각하게 한다.

오늘날의 어른들이 어린이들의 아버지로서 자격을 갖추고 있고 그들의 모델이 되며 그들보다 훌륭하다고 말할 수 있을까?!

동서양의 뛰어난 작가들, 안데르센, 푸쉬킨, 영국의 사키(Saki)와 같은 작가나 한국의 어린이의 날을 제정한 방정환과 고정욱, 김성욱, 정채봉 같은 동화작가들은 어린이 눈을 통해서 때 묻고 혼탁한 어른들의 사악하고 위선적인 세계를 공격하는 작품을 쓰기도 했다. 그래서 보는 시각에 따라 동화는 어린이들의 이야기지만 일그러진 어른들의 마음을 맑고 밝게 순화시켜 준다고 말할 수 있겠다.

무분별한 개발로 인한 환경파괴와 AI, Chatbot, ChatGPT 등 몰 인간적 첨단 과학기술들이 인류를 좀 더 편하게 할 것이다. 그러나 한편 우리들의 일자리를 앗아가고 이들이 인간을 능가하여 발전되면 자칫 인간을 파멸의 길로 인도할 위험도 없지 않다. 삶의 즐거움은 행복의 기본 선물이다. 하지만 자신의 행복만을 위해 좇는 무분별한 편의와 쾌락은 타인에게 혐오와 수치를 준다.

일찍 죽느냐 오래 사느냐 에는 마음을 두지 않고 몸을 닦으면서 기다리는 것이 하늘의 뜻을 바로세우는 바탕이다. 기미를 보고 약삭빠르게 자신의 이익을 위해 움직이는 자는 부끄러워하는 일이 없다. 부끄러워하지 않으면서 남보다 못하다면 대체 남과 같은 게 무엇이 있겠는가? 평생 배움과 진보를 포기하지 않은 사람이 가끔 기적이라는 사건의 주인공이 되는 것을 볼 수 있다.

병을 앓고 있는 한 소녀는 항상 생명의 위협을 느낀 나머지 눈물을 흐리며 생명에 애착을 느끼지만 짧게 사는 삶이라도 올바르게 살면 그것대로 가치가 있다는 것을 깨

닫고 주어진 생에 감사하며 굳어버린 아픈 다리에 대해서 감사함을 느낀다. 소녀는 하늘을 우르르 보며,

"흰 구름아! 오래 살지 못해도 착하고 곱게 살면 그렇게 서운한 건 아니지? 풀꽃 한 송이처럼, 노을 한 점처럼, 이슬 한 방울처럼."하고 용기 있게 말한다.

'가정의 달'이며, '계절의 여왕'이라는 정감 어린 5월에 가슴 깊은 곳에 자리한 우울했던 감정은 내리는 비를 타고 가버리고 수시로 행복한 미소로 바뀌었다. 조그맣게 안겨 왔던 어린 손녀의 따뜻한 품과 어쩌면 손녀의 꾸밈없는 행동이 눈에 선하면서 작은 딸의 아버지방문으로 답답하고 무거운 아버지의 마음을 부드럽게 어루만져준 것은 사실이다.

천사 같은 손녀를 언제 다시 만날 수 있을 것이다. 하지만, 할아버지! 하고 활짝 웃으며 달려오던 아름다운 그 모습은 상상하는 것만으로도 나는 오래도록 흐뭇할 것이다.

누나 시집가는 날

어느 날 먹고, 마시고, 찌지고, 볶고, 고함지르고, 웃고, 손뼉을 치는 집안이 온통 시끌벅적한 분위기였다. 이런 분위기는 난생 처음이었다. 왜냐하면 내일이면 작은 누나가 시집을 가기 때문이다. 그 당시에는 일반적으로 구식 혼례를 했기 때문에 그 준비에 부모님과 형제들, 이웃들과 친척들이 모여서 서로 일을 분담하여 혼사 준비 절차를 의논하거나 음식을 준비하느라 야단법석 이었다. 그런 와중에 아버지가 그 날 오후에 나만 살짝 불러서 골방으로 데리고 갔다. 그곳에는 잔치 준비로 중돼지를 한 마리 잡았는데 삶은 돼지를 외삼촌이 식칼로 먹기 좋게 썰고 있었다. 아버지가 직접 식칼을 잡더니 고기 한 토막을 집어 들어서 몇 조각을 썰어 주시면서 “이 부위가 돼지고기에서 가장 맛있는 부분이다. 자! 어서 먹어라!”고 하셨다. 나와 눈이 마주 쳤을 때 아버지의 따뜻한 부정을 느끼며 기뻐하면서 맛있게 먹었다. ‘아버지! 고맙습니다.’라고 말해야 되는데 내심 더듬거리기만 했지 그 말을 입 밖에 내지도 못했다. 지금 생각해보니 어린 막내에 대한 애틋한 사랑의 표현이었을 것이다.

어머니는 동네에서 둘째가는 부자 집 장녀로 곱상한 얼굴에 키가 크며 인자한 모습이며 음식 솜씨가 좋았을 뿐만 아니라 부지런하고 쾌활한 성격으로 말이 적고 약간 곱슬머리셨다. 시어머니, 시동생과 자식 9남매를 낳고 기르다 보니 자신의 몸은 재대로 돌보지 않고 희생적으로 정말 어렵고 힘든 나날을 보내셨던 것으로 기억된다. 아버지가 자식들 에게 “대부는 재천이요, 소부는 재근이다(大富在天 小富在勤).”라는 말씀을 가끔 하셨다. 나중에 알았지만 이것은 명심보감에 이와 유사한 대부유천 소부유인(大富由天 小富由人)로 기록되어 있다. 힘들 때 유언 같은 이 말을 한 번씩 자식들에게 흘리면서 ‘비록 가진 것은 부족해도 부지런하면 잘 살 수 있다.’는 근면의 중요성을 일깨워 주신 말씀이었다. 아버지는 인물은 그렇게 준수하지는 못해도 남자답게 생긴 미남이고 보통 키 정도의 단단한 체구로 구레나룻을 기르고 있어서 노숙하면서도 누구에게나 호인이자 멋지게 보였다. 우리 아버지의 건강의 비결인가 몰라도 비가 오면 콩 볶아 오라고 엄마나 누나에게 시켜서 잠도 자지 않고 애들 처럼 앉아서 또는 엎드려 누어서 소리 내어 콩을 잘 씹어 드셨다. 유전 탓인지 나도 콩을 좋아하고 콩 종류로 만든 음식을 좋아 한다.

누님은 배우지는 못했지만 동생들과 오빠들에게나 다른 사람에게도 험담을 하거나 욕하는 것을 거의 들어 보지 못했다. 누님은 어머니 역할과 아버지 역할도 오빠나 동생들에게 마다하지 않고 헌신 노력하였다. 그 당시 어머니는 한복을 많이 입을 때라 한복 치마와 저고리를 즐겨 입었고, 아버지는 어머니와 웃어른을 잘 모신 것은 물론이고 아홉 남매의 자식들 돌보기에 혼신의 힘을 다 하셨다. 누나는 일가나 친지들, 그리고 이웃사람에게 상냥하고 겸손했으며 잘해드렸다고 기억한다. 아무튼 우리네 대가족을 위해 여러 면에 헌신하셨다.

시집가는 누나의 앞날에 행복과 행운이 함께 하기를 우리 모두는 진심으로 바랬다.

벌초하기

벌초를 하는 시기는 봄, 가을 두 번하는 것이 보통으로 봄은 한식, 가을에는 추석 때 벌초를 한다. 허나 가을의 경우 딱히 추석 당일이 아니더라도 추석 몇 주 전에 미리 벌초를 하는 경우가 있다. 벌초의 대상이 되는 묘는 가깝게는 부모와 조부모, 더 올라가면 선산에 모셔진 모든 조상들을 포함하게 된다. 이로 인해 오래 전부터 특정 성씨의 집성촌을 이루고 가문의 선산이 오래된 경우에는 많은 수의 묘를 벌초해야 된다. 그로 인해 보통 여러 가족들이 모여 직계조상의 묘만 분담하는 형태가 일반적이다.

과거에는 보통 3대 이상이 함께 사는 대가족인 경우가 많았으므로 벌초를 하는 것 자체는 크게 문제될 것이 아니었다. 하지만 현대 한국사회에서는 가까운 친척이라 해도 멀리 떨어져 살고 있고, 핵가족화가 진행된 상태라 벌초 자체를 안 할 수는 없는데 또 그렇다고 적은 머릿수로 하기에는 부담스러운 상황이 됐다. 보통은 도시로 떠나지 않고 여전히 해당 지역에 남아있던 문중의 사람들이 벌초를 책임지고, 일가친척들은 이에 대한 감사를 뜻하는 의미에서 벌초비를 주는 형태가 많았다. 하지만 이것도 1980년대 ~ 90년대 중반까지 이야기이고, 이후로는 시골에 있던 분들도 대부분 늙으신 까닭에 직접 벌초를 못 하게 되자 돈으로 사람을 고용해서 벌초를 맡기는 쪽으로 넘어갔다. 초창기에는 그냥 마을에서 그나마 좀 젊은 사람들한테 술값이나 밥값 좀 쥐어주고 맡기는 형태가 많았으나 전문적으로 하는 벌초를 대행해주는 전문 업체도 생겨났고, 코로나바이러스가 기승을 부리는 현재는 대부분 벌초대행업체에 맡기는 쪽이 많이 늘어났다.

나는 해마다 벌초를 하면 사명감보다 걱정이 앞선다. 벌초는 후손들이 모여 협동정신을 발휘해야 하는데 인원이 부족하다. 진학이나 취업 등으로 도시로 떠나간 청년세대들이 늘어남에 따라 성묘에 참여하는 후손들이 줄어

들고 있다. 따라서 대부분 환갑을 넘긴 분들이 성묘를 거의 전담하는 상황으로 바뀌어 가고 있으며 이런 분들의 성묘가 없으면 언젠가는 조상들의 묘지가 잡초 밭으로 변할 수도 있다는 것도 현실이다. 서툰 솜씨지만 내가 조금 노력하고 희생하면 여러 사람들의 부담이 줄어들 것이다.

우리 집안은 추석 전에 초읍 어린이 대공원 앞에 모여 젊은이 들이 주축이 되어 두 팀으로 나누어 원당 골 조상 묘와 백양산 골짝과 기슭 주변의 조상 묘를 벌초하고 식사 후 헤어진다. 대연동에 임란공신 인묵재 박 천추 어른 등 묘소는 대연동 일가친척들이 벌초를 한다.

과거에는 낫이나 원예용 가위 같은 것을 써서 했지만, 요즘에는 예초기란 아주 좋은 도구가 있다. 예초기와 관련된 사고도 많은데 익숙하지 않은 사람이 잡아서 사고를 당하는 경우도 있고, 바닥의 돌 같은 게 튀어서 맞아 다치는 경우도 발생한다. 막걸리와 같은 약주 거하게 드시고 예초기 돌리다가 사고 나는 경우도 종종 발생한다.

유럽 등 선진국은 집근처에 묘지가 있어 벌초가 생활화되어 있다는 점이 우리와 다르다. 그들 역시 조상들의 생전의 헌신과 사랑에 정성을 다하여 조상을 기려 열과 성의를 다하여 예를 표하는 효심은 동서양이 다를 바 없다는 것을 알 수 있다.

요즈음도 여전히 돌아가신 분을 매장하는 장례가 치러지고 있으나 화장하는 경우가 많아지고 과거처럼 선산에 모시기보다는 가까운 공동묘지에 모시는 경우도 많았다. 아예 화장 후 수목장이나 납골당에 모시는 경우도 늘고 있다. 선산에 모시더라도 화장한 후 가족 납골묘를 선산의 특정 지역에 마련하여 좁은 지역에 수십 구의 유골을 수용할 수 있는 묘를 마련하기도 한다. 벌초란 문화 자체가 서서히 축소되고 있으며, 무엇보다 젊은 세대 대부분이 벌초나 제사 같은 풍습에 종교적인 이유 등으로 부정적인 태도를 가지는 것을 보면 미래에는 아예 사라질 가능성이 많다는 게 왠지 모르게 귀중한 그 무엇이 사라져 간다는 생각에 가슴이 아프기도 하다.

주인 정신과 당사자 정신

종업원과 주인은 어떤 차이가 있을까? 말하자면 결국 주인 정신의 유무에 따라 다르다. '주인 정신'은 입사 시험이나 채용 시험에서 단골로 출제되던 문제의 제목이기도 했고, 교장 선생이나 기관장이 학생과 직원 조회를 할 때 빠트리면 서운하다고 할 정도로 꼭 넣어야 하는 약방의 감초이기도 했다. 주인은 힘든 일도 즐겁게 하지만 조업원은 월급을 받기 때문에 하는 경우가 대부분이다. 도산 안창호 선생은 "주인인가 나그네인가"라고 하는 글에서 "묻노니 대한 사회에 주인 되는 이가 얼마나 됩니까? 우리 민족이 어떠한 위난에 직면하고 어떻게 못나고 잘못했는지 이 민족을 건지어 낼 구체적 방법과 계획을 세우고 죽는 데까지 노력하는 자가 그 민족사회의 책임을 중히 알고 일하는 주인이외다."라는 명문장을 남겼다. 도산은 우리가 일본의 지배를 받게 건 우리나라 국민들이 주인의식을 갖지 못하고 나그네처럼 행동했기 때문이라고 의분에 차서 꼬집은 말이다. 그는 잘 되고 못 되고가 다 나에게 달렸다고 느끼는 강한 책임감이 곧 주인 정신이며, 주인이 된 사람은 자기 집안일이 어려운 경우에 빠질수록 그 집에 대한 염려가 더욱 깊어져서, 그 어려운 경우에도 건져낼 방침을 세우고 처신한다. 모든 국민이나 학생들에게 주인의 자격을 가지게 하는 일이 정신적 국적을 찾는 일이라고 강조했다. 내가 주인이라는 자세로 모든 일을 하고 말해라. 주인으로서의 책임감을 갖고 최선을 다하는 것, 직장인이라면 자신의 돈으로 투자하고 판매하는 것처럼 절박하게 고민하고 행동해야 성공할 수 있다. 그리고 오너처럼 행동해야 자신의 실력도 쌓이고 궁극적으로 CEO도 되고 오너도 될 수 있다. 단순히 '대리인'이라는 생각으로 적당히 행동해서는 경쟁사회에서 결코 이길 수 없다.

한국의 번영은 주인의식이 철저하게 되어 있었기에 무에서 유를 창조하는 불가사의한 일이 벌어지고 상상을 초

월하는 실적을 내 우리가 이렇게 잘살고 있다고 해도 과언이 아니다.

오늘의 우리는 하늘에서 뚝 떨어진 것도 아니고, 땅에서 불쑥 솟아난 것도 아니다. 피와 땀과 눈물의 결과이다. 그런 것과는 거리가 있는 MZ세대이거나 약간 그 이상의 직원들일 텐데, 과거 회귀하는 듯한 것이 그리 호의적이지는 않았을 것 같다. 세계 속의 선진조국 건설에 우리 모두가 주인의식을 되살려 보다 적극적인 참여 없이 방관한다면 어찌 주인 된 자격을 얻을 수 있겠는가. 주인된 입장에서 포괄적인 개념의 '주인 정신'을 밀어붙이기보다는 직원들이 맡은 일 하나하나를 '내가 이 일의 주인'이라는 의식을 갖고 실행하게 하고, 이런 의식이 성숙되어 CEO 또는 상사가 기대하는 '주인 정신'으로 나아가게 만든다는 취지에서 '주인 정신'을 '당사자 정신'으로 바꾸어' 사용하면 어떨까 하는 생각을 해 보게 된다.

남상(濫觴)

인간의 맑은 심성들이 차츰 흐려져 가는 작금에 우리 스스로에게 물어보자. 우리가 인간다운 것에 이르기 위해 얼마나 노력하고 있는가를…. 인간으로 태어나 인간답게 살기위한 노력에 우리는 어찌 인색할 수 있겠는가. 자기 자신의 소중함과 남의 아픔을 함께 인식하면서 행동하고 말하며 진실 되게 살아야 하지 않겠는가.

석가는 "분(粉)을 바르고 치장하여 아름다워지려고 노력하지 말라. 참으로 아름다운 것은 자신의 본분을 잃지 않고 지키는 것이다."라고 말했다. 지금 우리가 살아가는 시대는 인간답게 살려고 하는 이들, 아니 인간답게 살아가는 이들이 진실로 필요한 때이다.

물론 이 세상에 인간답게 살지 않기를 바라는 이는 아마 한 사람도 없을 것이다. 그러나 각박한 현실에서 인간답게 살아가는 일이란 어려운 일이다. 그렇다고 인간답게 사는 일이 결코 어렵고 힘든 것만은 더더욱 아니다. 내 생각은 아무래도 자기의 소중함과 다른 이의 소중함을 함께 인식하는 일에서부터 비롯되는 것 같다.

순자(荀子)의 자도(子道)편에 나오는 '남상(濫觴)'이란 말이 있다. 공자의 문하생이던 자로(子路)가 어느 날 화려한 옷을 입고 공자를 뵙자 공자가 말했다. "유(由, 자로)야, 어찌 이렇게 잘 차려입은 것이냐. 저 양자강은 민산에서 발원하는데, 처음 시작할 때에 그 근원은 술잔을 띄울(濫) 만한 정도였다. 그렇지만 그것이 강과 나루에 이르면 배를 타지 않거나 바람을 피하지 않으면 건널 수가 없을 만큼이 된다. 그것은 하류에 물이 많아서가 아니겠느냐. 네가 지금 의기양양하며 입고 있는 옷도 사치를 과시하기 위한 마음에서 비롯된 것이라면 그 결과는 양자강의 물줄기와 같지 않겠는가? 지금 너는 의복도 화려하고 얼굴에는 거만한 빛이 가득하구나. 이러니 천하의 누가 너에게 간하려 하겠느냐." 자로는 급히 나가서 옷을 갈아입고 다시 들어왔는데, 그 표정은 매우 자연스러웠다. 본래 자로는 실천력이 강했으므로 즉시 반성하고 검소한 생활자세를 가지게 되었다.

남상이란 말의 첫 의미는 '양자강 같은 큰 강도 근원은 술잔을 띄울 만큼의 가느다란 물줄기'라는 뜻이었으나 지금은 은유적으로 '사물의 시초, 시작, 기원'이란 뜻으로 사용되고 있다. 공자가 이를 비유로 든 까닭은 모든 일은 그 시초가 중요하며 출발이 잘못되면 갈수록 나빠진다는 것을 알려 주려는 데 있다. 나 자신도 인간답게 살아가고 있는지 늘 살피고, 나아가 검소한 생활자세를 가지고 매사에 임하는지를 반성해 본다.

제 5부

인간의 품격

무문관 수행

교권 존중의 중요성

킬리만자로 산의 표범

교토삼굴(狡兔三窟)

학교폭력과 교권

주관적 안녕감(安寧感)

인간의 품격

무능의 항변

본립도생(本立道生)

누구나 노인이 된다

무문관 수행

군 제대 후 바로 취업 아니면 대학 등록을 하고 취업하느냐를 결정하는 문제가 일차적인 문제였다. 경제적 여건도 좋지 않아서 엄청 걱정되었다. 다행스럽게도 군에 입대 전 공부한 것이 남아 있었고 운이 좋아서 인지 국가공무원과 지방공무원 둘 다 합격했다. 연고가 없는 서울보다는 부산에 근무하는 것을 희망했다. 다음해 삼월 부산진 구청 산업과에 발령이 났다.

이제 야간 대학에 적을 옮기고 등록해서 다시 공부를 시작해야 되겠다고 다짐했다. 뫼비우스의 띠처럼 가고 또 가도 끊어지지 않고 반복되어 늘 그 자리 일 수는 없다. 믿음, 자신감과 희망의 양에 따라 젊어지고, 의심, 두려움과 낙망의 양에 따라 늙어간다고 한다. 그래서 가능한 믿음,

자신감과 희망을 많이 가지고 웃으며 살아가자고 스스로 격려했다. 우리에게 가장 쓸모없는 날은 웃지 않는 날이라는 것도 명심하던 날이 되었다.

비 내리는 창밖을 바라보며 나는 다시 과거로 돌아가 이십대 전에 부모를 여위고, 대학에 낙방하여 몇 달간이라도 홀로 지내고 싶었다. 무문혜개가 쓴 무문관(無門關)의 서문에 보면, 부처님이 가르친 핵심은 깨달음을 최고로 보고 나아가 자비로운 '마음'이다. 그 진리를 통하는 입구에는 문이 없다.

문이 없는데 어떻게 뚫고 나갈 것인가? 옛 현자가 "문을 통해 들고 나는 것은 잡스런 것들이요, 인연을 통해 얻은 것은 마침내 부서지고 말 것이다."고 설파했다. 기실 이런 이야기도 평지에 일으킨 풍파요, 멀쩡한 피부에 종기 짜는 칼을 들이 댄 것이다. 하물며 언어문자에 매달려 지혜를 구하는 짓이야 말해 무엇 하겠느냐?! '이는 몽둥이를 휘둘러 달을 쳐내는 것과 같고, 근지러운 발을 구두위에서 긁어 되는 것과 같으니 진리와 무슨 절실한 교섭이 있겠는가'라고 언급했다. 무문관 수행이 하고 싶어 제 발로 산사를 찾아가 문을 닫아걸고 자신과 침구했다.

이따금 이불을 뒤집어쓰고 한없이 눈물을 흘렸다. 그것

은 뼛속 깊은 곳까지 스며드는 고독과 슬픔이 밀려와 머물지만 외로움이 한층 더 강했다. 일주일간의 단식도 자신의 의지를 시험하고자 계획해서 성공적으로 했다.

나 자신이 아둔해서 계획대로 학문적 진척도 없었고 나태해져 가는 것이 싫었다. 세상물정 모르고 유유자적 이런 식으로 공부해서는 안 된다고 생각하고 집으로 다시 왔다. 약간 느낀 것은 사나이가 인생을 살아가는데 가장 큰 리스크 중 하나는 자신이 배짱이 없다는 것이다.

나니아 연대기(The Chronicles of Narnia)를 쓴 루이스(C. S. Lewis)는 '바다의 파도 끝에 물이 잠깐 멈추는 순간이 우리의 인생'이라고 말했다. 그야말로 인생이 잠깐의 순간이라는 말이며, 세월은 날아가는 화살 같고 부모가 되어서 나이가 들수록 또 배울수록 내 자신이 어리석고 아둔하고 배울 것이 많고 모르는 것이 대단히 많다는 것을 자각하게 된다.

교권 존중의 중요성

교육은 지식을 습득하는 것도 중요하지만 근본적으로는 살아가는 방식을 터득하는 것이 더 중요하다고 할 수 있다. 대학 진학은 인생에 있어 하나의 중간 기착지이지 최종 목표는 아니다. 학생들이 학교에서 배우는 자세는 간단히 말하면 명문대 진학도 중요하지만, 보다 더 집중해야 되는 것은 자신의 목표를 이루기 위해 노력하고 이러한 과정에서 얻은 인내심과 역경을 이기는 힘이 남은 인생에 훨씬 더 유용하다. 이런 막중한 교육의 중요성에도 불구하고 요즈음 크게 문제되는 학생들에게 폭언과 폭행을 당하는 등 교권침해는 해가 갈수록 늘어나 교사들의 사기를 극도로 저하시키고 있다. 몇 가지 실례를 들어보자.

지난 2013년 3월 창원 모 고등학교에서 학생을 때렸다는 이유로 교사에게 무릎을 꿇린 학부모가 실형 징역 8월을 선고 받은 후 항소했으나 항소심서 기각 당했다. 교사가 어쩔 수 없이 학생을 교육상 때렸다고 학부모가 대화와 적법한 절차로 해결하지 않고서 학교에 가서 수업중인 교실에 들어가서 교사에게 행패를 부리고 폭언을 했다는 것은 나쁜 행위의 차원을 넘어 심각한 교권침해라고 판단되었다.

"흡연지적에 교사에게 침 뱉고 주먹질하고 달아나고 친구들에게는 교사 폭행 사실을 자랑하고 다니고 문제 학생도 있다"며 "학생이 교사를 우습게보고 위협해도 아무 대응도 할 수 없는 현실이 개탄스럽다"고 통탄하는 일선교사의 수가 증가하고 있다.

학생들에게 폭행을 당한 교사들은 수치스럽다는 감정만큼이나 현실적으로 어떻게 대치할지 몰라 난감해 하고 있다. 서울의 한 교사는 지난해 9월 남학생으로부터 폭행을 당한 후 실신해 1년이 지난 지금까지도 입원과 퇴원을 반복하며 정신과 치료를 받고 있다. 그는 "분쟁조정위원회를 두 차례 개최했지만 그 이후 어떠한 조치도 취해진 것이 없다"고 말했다. 남학생에게 성추행을 당한 한 여교사도 "학교는 '이렇다 할 증거가 없다'며 징계하지 않고 있다"고 말했다. 한국교총 담당자는 "교사의 권위는 떨어지고 학생인권만 강조되는 현상황에서 학생에 의한 교사 폭언, 폭행 건수가 점점 늘어나고 있다"고 말했다.

학생에게 얻어맞고 욕설을 듣는 교사가 2010년에 비해서 2014년에는 무려 5배 정도로 어처구니없이 증가한 반면에 학생체벌은 이상하게도 점차 감소세를 나타내고 있다. 일선 학교에서 학생들이 저지르는 교사 폭행사건이 좀처럼 줄지 않고 있다. 교사들이 5년간 343명의 학생들에게 폭행을 당한 것으로 나타난다. 아마 정확히 들어나지 않은 것을 포함하면 훨씬 많은 선생님들이 당했을 것이라 생각되며 점차 더 많아질 것이다. 2012년부터 매년 교육부에서 종전보다 강화된 교권보호 종합대책을 내 놓았다. 학부모 등이 교내에서 교사를 폭행, 협박, 성희롱을 하는 등 교권을 침해하면 형법상 범죄보다 50%까지 가중처벌되고 피해교사의 상담, 치료비도 구상권을 행사해 학부모로부터 돌려받는다. 또 교권침해 학부모는 학교에 가서 자녀와 함께 특별교육이나 심리치료를 받아야 하고 이를 지키지 않으면 300만 원 이하의 과태료를 내야 한다.

교권침해 피해를 본 교사는 다른 학교로 전근 갈 수 있고 학부모의 학교 방문도 사전 예약을 통해 하도록 했다. 교총은 교권강화를 위해 좀 더 강력한 대책이 필요하다는 입장을 내놨다. 학생이 교사를 폭행하면 학생과 학부모가 함께 특별교육을 받아야한다고 했다. 학부모가 의무 교육을 이수하지 않을 경우 과태료를 부과 받는 법적 근거 마련 등도 요구되고 있다. 이러한 조치는 구체적인 제재까지 담고 있어 학교 현장의 교권 침해 사례는 크게 줄 것으로 예상되며 교사들도 학교교육의 정상화를 위해 배전의 노력을 기울여야 할 것은 당연지사이다.

지난 2013년 5월 부산교육청에서는 법률에 의한 '교원 예우에 관한 규정'을 시행하고자 교권 보호 세부계획을 마련했다. 교권침해가 심각한 학생은 교장이 강제로 전학을 보낼 수 있고, 폭력사태 등 피해교원이 치료를 받을 수 있는 연수과정도 개설한다고 한다. 이에 따라 학교와 시 교육청에는 교권보호 위원회가 조직돼 운영된다. 학부모에 의한 교권침해는 학교교권 보호위원회의 조정, 중재를 거치도록 했다.

전보다 강력한 교권보호 대책을 시행하고자하는 이러

한 일련의 대책에도 불구하고 학부모 단체 일각에서는 대부분의 학부모가 교사 앞에서 약자라며 반발하고 있다고 한다. 일각에서는 이번 대책이 지난번에 발표된 학교폭력 근절대책처럼 백화점식 나열에 그칠 뿐 실효성이 부족하다는 지적이 나오고 있다.

가해학생에 대한 상담과 전학조치, 가해사실을 학생부에 기재 등 그동안 추진해 온 학교폭력 근절대책은 사후처벌 위주의 정책으로 정작 피해학생 보호와 학교폭력 예방 기능은 하지 못하고 있다는 비판을 받고 있다.

교원능력평가(교원평가)가 교사에 대한 인신공격과 성희롱으로 뒤범벅된 "욕 평가"논란에 휩싸인 것은 안타까운 일이다. 학부모와 학생들이 교사에 대한 정보 부족으로 학부모나 학생의 교원평가는 그 방법이 적법하게 보완될 때 까지는 유보되어야 마땅할 것이다. 교원평가의 대상인 교사들도 교육의 주체임을 자각하고 좀 더 스스로 전문성 향상과 수업의 질 높이기에 매진해야 될 것이다.

학교폭력 피해자도 급속히 증가하고 있다. 2018년은 학교폭력 피해자가 5만 명 정도이며 이는 2017년보다 35% 증가한 수치다. 학교폭력 가해자는 85.5%가 같은 학교 학생으로 나타났으며 69.9%가 학교 내에서 발생했다.

특히 학교폭력을 목격한 학생 중 26%는 '모른 척 했다'고 답해 관련교육이 필요하다는 지적이 제기된다. 학생들은 대부분의 시간을 학교에서 보낸다. 부모님은 이를 가리켜 '아이를 사회화 시킨다'라고 말한다. 이는 아마도 학교라는 울타리 속에서의 배움이니 교우관계 등을 통해서 사회성이 길러질 것이라는 믿음 때문일 것이다. 어쩌면 학교는 기술적 능력이나 특별한 지식을 요하지 않는 평범한 일을 할 수 있는 사람들을 만들어 내고자 사람들을 포맷하는 역할을 한다고도 볼 수 있다. 문제는 이 포맷이 역기능이 되는 것을 예방해야한다는 데 있다.

교육부는 1차 조사 결과를 반영해서 '청소년 폭력예방 보완대책'을 내 놓을 예정이라고 한다. 2차 실태조사에서 심층조사인 표본조사로 체계를 개편해 학교 폭력 발생 원인을 개인, 가정, 학교, 지역사회 수준에서 다차원적으로 분석할 것이라고 말했다.

현재 학교 현장에서는 교사의 체벌이 전면 금지되어 실제 교권침해 상황이 발생해도 교사가 즉시 대처할 수 있는 방법이 마땅치 않다고 한다. 부산지역 모전문계 고등학교의 Y교사는 "학생들이 막무가내로 대들거나 학부모에게 인격적인 모욕을 당해도 교사는 타이르거나 죄송하다고 말할 수밖에 없다"면서 지역사회, 학부모나 학교에서 "교권을 존중하는 풍토로 변하지 않는 한 앞으로도 교권침해는 여전할 것"이라고 말했다. 교권침해방지를 위한 법제화는 사실상 가이드라인에 불과 할 수밖에 없기 때문에 교권존중과 교육환경의 지속적 개선과 세심한 가정교육에 보다 많은 노력을 기울어야 할 것으로 본다.

영국의 한 속담 '한 나라의 수상의 사기는 높으면 문제가 될 수 있지만 교사의 사기는 높을수록 그만큼의 교육에 이바지하는 충분한 효과와 가치가 있다.'는 것은 음미해 볼 가치가 있다.

학생인권조례 제정 등으로 학생들의 교육권이 신장되어온 것에 비해 교권은 상대적으로 보호받지 못해 온 것이 사실이며 선생님들의 사기가 날이 갈수록 급격히 떨어졌다. 교사들의 체벌, 횡포 등은 고발 등 정상적인 통로를 통해 해결할 수 있는 만큼 교사들의 사기도 제고되어야 한다. 교사는 올바르게 잘 가르치고 자기연찬에도 열중해야 된다. 우리 사회의 구성원 개개인이 교권을 존중하는 분위기를 만드는 것에 동참해야하며, 학부모들도 자기 자녀를 위한 배타적인 이기주의를 버리고 부모로서의 자녀교육에 무거운 책임감을 가지고 임해야 할 것이다.

킬리만자로 산의 표범

올해 부산 교육청에서 퇴직교직원의 전문성과 경험을 활용하여 학교 현장 중심 교육활동을 지원하는 부산퇴직교직원센터의 운영 방향에 따른 관내 모 초등학교 돌봄반에 영어를 가르치게 되었다. 돌봄 반 3개 반을 월요일과 금요일 양일간 영어기초를 지도하였다. 반 구성은 대부분 1학년이고 2학년생은 각반에 2~3명 정도가 있었다. 영어 알파벳부터 시작해서 수업하고 끝나기 10분전에는 영어로 된 아동용 이솝우화를 영어로 읽고 설명해 주었다. 순차적으로 수업을 진행하며 수업보다 학생들 돌봄에 치중하였다.

영어 알파벳의 대문자와 소문자를 구분해서 얼마간 학

습한 후 1,990년부터 2,000년대 초에 걸쳐 대단한 인기를 끈 애니메이션 영화 라이온 킹(The Lion King)을 보여 주었는데, 학생들이 대단히 열심히 보고 즐거워했다. 어린 사자 '심바'는 프라이드 랜드의 왕인 아버지 '무파사'를 야심과 욕망이 가득 찬 삼촌 '스카'의 음모로 왕국에서 쫓겨난다. 그 후 심바의 복수하는 과정이 흥미롭다. 라이온 킹의 묵직한 메시지는 진정한 용기와 힘은 권력에서가 아닌 정직함에서 온다는 것을 시사하고 있다. 대 자연의 순환과 공존의 원리를 잘 표현하고 있다. 사자의 눈빛, 동작과 표정 등을 실질적으로 거의 완벽히 구현 하여 감동적 스토리와 영상미에 극찬을 보낸다.

이 라이온 킹을 3개반 학생들의 시청이 거의 끝났을 때, 몇 해 전에 지인들과 함께 네팔의 히말라야 트레킹으로 칼라파트르(5,550m)에 다녀왔다. 그 때 룸메이트의 킬리만자로산(5,895m)의 표범 이야기가 생각났다. 킬리만자로 산은 동아프리카 지구대 화산의 하나로 화산군을 이루고 있다. 최고봉인 키보(kibo)는 세계 최고의 화산으로 아프리카에서 제일 높은 봉이다. 그 키보의 봉우리는 마사이어로 '신의 집'이라고 불리는 데, 그 봉우리에는 바짝 말라서 얼어붙은 표범의 시체가 여기저기에 흩어져 있다.

그런 높은 데까지 표범들이 무엇을 구하러 왔는지 지금까지 아무도 그 까닭을 설명할 사람이 없다고 헤밍웨이의 걸작 '킬리만자로의 눈'의 책 서두에 있다. 그러나 수년 후에 바아텐더란 사람이 "그 표범은 필경 냄새를 잘못 맡고 거기까지 올라갔을 것이다."고 말했다. 즉 표범이 다른 동물은 도저히 맡지 못하는 것을 자기만이 맡고서 용기를 내어 뒤따라간 것이다. 잘못된 냄새란 결국 그 자신의 개성의 냄새이다. 표범만이 지닌 특유한 성격의 발로이다.

표범은 그 개성을 추구하기 위하여 맛이 없고 썩은 고기들이 흩어져 쉽사리 먹을 것을 구할 수 있는 킬로만자로 산기슭의 정글을 떠나서 혼자 산꼭대기로 향한 것이다. 올라감에 따라 굶주림과 추위에 못 이겨 이윽고 고독 속에 얼어 죽었다. 그것은 다른 동물의 눈에는 잘못된 추적이었지만, 그러나 그가 죽어서 넘어진 장소는 마사이어로 '신들의 집 '이라고 불리는 하얗고 때 묻지 않은 특별한 곳이다.

이 표범의 발자취야말로 사람이 사람으로서 살아가야 할 인생의 궤적이다. 무한한 힘과 가능성을 지닌 우리들은 산기슭 정글 속에서 상식이나 세속적인 규율에 사로잡혀 전형적인 '얌전한 사람'에 머물러 맛없고 썩은 고기를 찾아다니는 하이에나와 같은 안이한 삶에만 머물러야 되겠는가.

'우리도 추위와 고독 속에서 온갖 시련과 괴로움을 참고 견디면서 산꼭대기를 향하는 용기에 찬 표범과 같이 살아야 되지 않을까.'하고 룸메이트는 이야기를 마무리했다. 나에게 흥미도 있었지만, '우리 모두가 자신에 주어진 본연에 충실하며 높은 이상을 향해 용감하게 걷다보면 모든 문제는 자연히 해결되지 않을까.'라고 이야기하는 것처럼 들렸다.

교토삼굴(狡免三窟)

부유한 자는 밥맛이 있고 없고 불평하지만, 어차피 인간은 한 그릇의 밥이 생명의 근원이다. 맛이 있고 없고 가릴 바가 아니다. 오직 밥이 입에 들어가는 것만으로 생명의 환희를 느낀다. 목마른 자에게는 한 컵의 물이 감로주와 같이 맛있고 달기만 하다. 우리가 모자라고 가난하다는 것은 그 자신이 보다 위대 해질 수 있는 가치를 지닌다. 오로지 가난하다는 것이 모든 곳에서 가치를 발견하고 창조해 나가는 인연이 된다. 가진 것이 없다는 것은 무한한 발전 가능성을 내포한 것이요. 신에 접근하는 길이다.

2022년 엄혹한 코로나시기에 '호랑이에게 물려가도 정신만 차리면 살 수 있다'라는 말만 믿고 산 것처럼 2023년

계묘년에는 어린 시절부터 익숙한 토끼와 관련한 고사 성어와 속담에서 살아갈 지혜를 얻을 수 있다. 인간은 동물에 빗댄 삶의 많은 경험과 철학을 선대로부터 이어 받았기 때문이다. 각 개인과 기업, 부산과 대한민국 등 모든 주체가 토끼로부터 약육강식의 세계에서 살아남는 심오한 지혜와 방략을 배우기를 희망한다.

무엇보다 '현명한 토끼는 살아남기 위해 숨을 수 있는 굴을 셋이나 판다'는 교토삼굴의 지혜가 절실하다. 토끼들은 평균1.5m 길이의 굴을 파는 데 유사시에 대비해 비상구와 다른 굴과의 통로도 만든다고 한다. 초식동물로 먹이 사슬의 제일 아래인 토끼는 호랑이, 삵, 독수리, 매, 부엉이까지 사방이 천적이다.

자신의 안전과 방어는 당연한 생존 전략이다. 오죽했으면 '토낀다'는 말이 도망치는 토끼의 동사형 일까. 저성장, 고물가 복합 경제위기가 심화되고 있다.

러시아와 우크라이나 전쟁은 끝날 기미조차 보이지 않는다. 서민과 소상공인, 기업까지 각자 도생 경쟁에 내몰리면서, 경제적 약자들에게 생존전략이 절실하다. 영끌 사태로 대변되는 코인과 주가, 부동산과 주택 가격급락을 비롯해 급등한 금리와 대출 제한, 베이비부머들의 은퇴와

구조조정, 설상가상으로 일본의 후쿠시마 원전 오염수 방출로 야기 될 부산 수산업 피해 등 기업이나 개인에게 들이닥친 위기가 한둘이 아니기 때문이다. 개인, 기업, 도시, 국가 모두가 스스로의 안위를 지킬 수 있는 생존 전략과 포트폴리오를 우선적으로 촘촘하게 짜야 한다.

'두 마리 토끼를 동시에 잡으려고 쫓으면 두 마리 다 놓친다.'는 속담도 새겨들어야 지요. 우리의 삶을 돌이켜 보면 돈과 명예, 일과 사랑처럼 동시에 성취하기 힘든 두 가지 목표를 욕심을 부려 쫓아다니느라 하나도 제대로 못 건진 경우가 허다하다.

부산은 2030 월드 엑스포 유치와 가덕 신 공황 조기 착공이란 두 마리 토끼를 쫓고 있다. 째깍거리는 시곗바늘 소리에 자칫하면 길을 잃고 우왕좌왕할 우려도 있다. 두 마리 토끼를 한꺼번에 잡는 노력을 기울이되, 부산과 우리나라의 미래가 총체적으로 달려있는 중대한 일은 무엇보다도 월드 엑스포 유치라 여겨진다. 그래서 월드 엑스포 유치를 전략적 핵심에 두고 우리 모두 힘을 합쳐서 최선을 다해야 한다.

학교폭력과 교권

지난해 중학교 여학생이 생활지도를 하는 여교사의 머리채를 잡는가 하면 학생이 교사를 집단 폭행한 일까지 있었다. 학부모가 학교를 찾아가 교사를 상대로 폭언을 퍼붓거나 폭행하는 일도 비일비재 했다. 금년에도 학기 첫날부터 교사가 아이를 때리고 무시하는 말을 했다는 이유로 학부모가 새 학기 첫날 학교로 찾아가 해당교사를 폭행하고 수업을 방해한 사실이 뒤늦게 알려 지기도 했다. 최근 교권 침해 실상을 보면 "어쩌다 이 지경까지 이르게 됐는가?"라는 탄식이 절로 나온다.

오래 동안 사회적 이슈와 정부의 대책이 존재 했지만 교사에 대한 폭행과 학교폭력이 반복되는 것은 결국 교권이 추락하고, 교육 구성원간의 신뢰 부족과 제도적 장치미비가 가장 큰 원인이라 생각된다.

우선 학부모가 교권을 존중하고 선생님과 상호 존중하며 이해하는 것이 무엇보다 중요하다. 시급하게는 교사와 학부모가 변해야 교육이 산다.

"부모는 멀리 보라하지만 학부모는 앞만 보라고 한다. 부모는 함께 가라고 하지만 학부모는 앞서 가라고만 한다. 부모는 꿈을 꾸라고 하고 학부모는 꿈을 꿀 시간을 주지 않는다." 이것은 성적 지상주의에 시달리다 어머니를 살해해 복역하고 있는 고교생이 친구에게 쓴 편지 내용이다.

학부모들도 이제 자녀와 교육은 물론 행복을 위해서라도 진솔한 부모가 되어야 한다. 학부모님들의 맞벌이도 가정에서의 자녀들의 인성지도에 교육적으로 여러 가지 중대한 문제가 될 수 있다. 따라서 우리는 스승과 제자, 부모와 자식 간의 관계도 교권, 부권의 차원에서 강조만 했지 사도나 부도는 신중히 생각하지 못했다. 그래서 보다 근본적인 문제는 이런 제재 강화만이 교권을 세우는 첩경이 될 수 없다는 점이다.

또한 정부와 국회가 나서 학교 안팎의 폭력을 막을 제도를 마련하거나 보완에 나서야 한다. 교직사회도 교원이 바로 CCTV라는 심정으로 학교폭력 근절을 위해 더 분발하길 바란다. 그러나 이런 학교 폭력 종합대책이 땅에 떨어진 교권을 세우고 교육을 정상화 시키는 방편이 되기에는 역부족인 측면도 지적할 수 있다. 선생님들의 사기를 높이고 교육을 바로 세우기 위해서는 이런 제도적 뒷받침과 함께 학교, 지역사회와 가정의 지속적인 노력이 병행되어야함은 재론의 여지가 없다.

2013년 언론에 보도된 사건인데, 경북 경산시에서 고교 신입생 최 모 군이 중학교 시절부터 학교 폭력을 당해 왔으며 그 내용을 유서로 남기고 투신자살한 충격적인 사건이 있었다. 최 군은 2011년부터 무려 5년 동안이나 지속적이고 반복적인 괴롭힘을 당했다고 한다. 책임이 두려워 왕따 당한 학생이나 학교폭력을 고의는 아니겠지만 어렵고 힘들다고 모른 척 넘기는 교사들이 존재하는 한 한국은 무늬만 선진국이지 윤리의식은 2류 국가로 남게 될 것이다. 그래서 교사들이 사회적으로 존경받으며 올바른 교육 활동을 할 수 있도록 교사들의 사기를 진작시킬 수 있는 지원책이 필요하다. 교사의 사기가 오르면 학교폭력은 자연히 점차적으로 감소될 것이다. 이런 것 외에도 사제간에 언어문화의 개선과 학생 교외 생활지도 등 여러 가지 문제점에 우리 모두가 관심을 가져 주어야 한다.

학교폭력을 근절하기 위해서는 학교에서 예절과 인성교육 강화가 필수적이지만, 더 중요한 것은 가정교육이고, 그 보다 더 중요한 것은 교육 당국이나 학부모님들이 보다 적극적으로 선생님들의 사기를 높이는 데 집중해야 된다고 생각한다.

교육부나 교육기관에서 다양한 인성교육 프로그램을 개발하고 운영하여 선생님들에게는 사기를 높이는 데 주력하고 학생들을 보다 효과적이고 강력하게 지도할 수 있도록 대책이 수립되어야 된다. 2016년 8월부터 교권침해 관련 특별법을 시행한다고 한다. 교육부는 교사를 상대로 폭행과 협박, 명예훼손 등 교권침해 행동을 한 학생은 학부모와 함께 특별교육과 심리치료를 받도록 하는 내용의 '교원의 지위 향상 및 교육활동 보호를 위한 특별법'이 국무회의를 통과했다고 밝혔다. 내달 교권침해 관련 특별법 시행에 전교조는 교권 추락의 원인인 시장주의 교원정책을 바로 잡는 것이 근본대책이라는 입장이다. 좋은 교사

운동의 모 대표는 교육적이라는 점에서 처벌보다 바람직한 방법이지만 운영의 내실화를 얼마나 제대로 해 내느냐가 관건이라며 일단 시행하면서 부족한 부분을 보완해 갈 필요가 있다고 말했다.

교육부의 지난해 '학교폭력실태조사'에서 중 · 고생보다 초등생이 학교폭력 피해자가 많았다고 한다. 이런 현상은 초등생의 감정조절이나 의사소통 능력 저하가 큰 원인이다. 또 하나는 신체발육과 2차 성장이 빨라진 데다 선정적이고 폭력적인 콘텐트에 쉽게 노출되는 환경도 문제다. 학교폭력의 저연령화는 비행 청소년 증가로 이어질 우려가 크다는 점에서 대책이 시급하다. 이제까지 청소년들은 학교폭력을 저질러도 만 14세 이상(중3)부터 형사처벌을 했다. 하지만 내년부터는 '폭력예방대책'으로 만 13세 이상 (중2)이면 형사 처벌하는 쪽으로 법이 바뀔 전망이라고 언론에 보도 되었다.

우선 교육적 접근이 근본 처방이 돼야한다. 타인을 존중하고 배려하는 심성을 기르고 자신의 행동에는 늘 책임이 뒤따른다는 의식을 심어 주는 교육이 시급하다. 프랑스는 1985년 초, 중학교의 '시민교육'을 의무화했다. 교사의 생활지도와 훈육에 필요한 교육적 권한의 제도적 뒷받

침도 강화돼야한다. 현행법에 학교폭력 학생의 학급 교체나 전학 규정이 없다.

교사가 훈계를 하는 과정에서 '정서적 학대'라며 고발당해 5만 원 이상 벌금형을 받으면 10년간 교직취업이 제한된다. 이런 상황에서 학교폭력 지도가 움츠려들 수밖에 없다. 바른 품성을 길러주는 것은 유아기 때부터 필요하다. 부모들도 가정에서 밥상머리 교육에 보다 더 신경을 써야한다.

학교에서 교사나 전문 상담사의 학생상담 역할도 필수적인 일인데도 불구하고 정부예산 부족으로 중, 고교별 전문 상담사 배치도 올 들어 대폭 줄어든 것으로 나타났다. 학폭 등의 문제로 쉴 새 없이 울려오는 휴대폰이나 문자 연락 등으로 인해 퇴근도 제 시간에 못하는 교사들은 정신적 스트레스를 엄청 받고 있다. 휴대폰에 대한 대책도 교사의 사기를 감안해서 마련되어야 되겠다. 학교폭력은 사전 예방이 중요한데 이를 위해서 학교, 가정, 교육당국이 삼위일체가 되어 힘을 합쳐 노력해야 할 것이다. 정치집단, 지역사회, 학교와 가정에서 총체적으로 교사의 사기를 진작하고 교권을 존중함으로서 학교폭력에 대한 사전 예방도 가능할 것이라 생각된다. 중요한 것은 선생님들의 사기와 권위가 살아야한다. 어릴 때부터 가정에서부터 인격교육과 예절교육이 이루어지고 생각하는 교육, 창조적인 교육이 이루어 져야한다.

부산교육청의 2023년 7월 조사에 의하면 교권침해 당하면 배상하는 보험이 2016년부터 2023년 6월까지 7년간 지급 건수는 총 2건으로 유명무실하다고 했다.

교육에 대해 바른 생각을 가진 사람이 증가하고 그런 분들이 여럿 모이면 어떠한 불의나 폭력도 이겨낼 수 있다고 믿는다. 교사, 학부모와 학생이 모두가 최대한 학생 생활지도에 동참하여 각각이 해야 할 역할을 숙지하고 적극적으로 협조해야한다. 우리 모두가 교권이 바로 서도록 자발적 신고와 감시 역할도 할 수 있도록 봉사하는 것도 중요하다고 생각한다.

교사를 배려하고 존중하며 민폐를 끼치는 것을 부끄러운 일임을 가르치는 가장 중요한 첫 학교는 바로 가정이다.

주관적 안녕감(安寧感)

나이를 먹고 살아가다 보면 세월의 빠름은 물론이고 삶의 이정표처럼 가슴에 품고 사는 경구가 있다. 허물을 벗지 않은 뱀은 결국 죽고 만다. 인간도 이와 마찬가지로 낡은 사고를 깨고 나오지 못하면, 성장하지 못하고 끝내 죽음에 이르게 된다. 나 혼자 잘 살겠다는 마음은 불행을 부르고 함께 잘 살겠다는 마음은 행복을 부르는 것이 이치일 것이다.

지난해 네팔에 위치한 칼라파트르에 트레킹을 다녀왔다. 그곳은 많은 것이 공존했다. 뜨거운 태양빛 열기를 느끼는 초여름이지만 시야는 하얀 눈 덮인 히말라야 겨울을 볼 수 있었다. 많은 사람들이 행복한 미소를 보여준 반면에 안타까운 광경도 많았다. 2015년 지진으로 학교가 많이 무너졌다. 그런데도 네팔 정부는 학교를 다시 지어줄 여력이 없었다. 이런 이유로 부산 초록우산 어린이재단 주관으로 부산기업과 시민이 십시일반 후원금을 모아서 3개의 학교를 지었다. 지금도 여러 가지 어려움에 부닥쳐 있다. 아이들은 색연필 한통 선물에도 엄청 기뻐했다. 우리는 극빈층이 유독 경제적 문제로 불행한 사건을 겪는 것을 매스컴으로 종종 본다. 우리나라도 6.25 전후로 대부분의 국민이 극심한 빈곤에 시달리기도 했다. 지금 파키스탄의 빈곤층은 하루 2달러로 생계를 유지하고 있다. 현재도 세계인구 절반은 하루에 4,000원 미만의 소득으로 연명하고 있다고 들었다. 우리가 세상의 모든 문제를 바꿀 수는 없지만 조그마한 힘이라도 보탠다면 일부의 삶은 바꿀 수 있다. 경제학자들은 같은 비용을 지불할 때 부유층보다 빈곤층에 몇10배 더 큰 편익도 줄 수 있다고 한다.

경제학자들이 소득수준과 주관적 안녕 감의 상관관계를 조사했는데 소득이 2배 늘어날 때 증가하는 '주관적 안녕감'의 폭은 거의 같다고 한다. 여기서 주관적 안녕감이란, '행복'에 대응하는 심리학적 용어다. 주관적 안녕감은 자신의 삶에 대해 평가해 보았을 때 전반적인 삶의 만족감, 특정한 삶의 영역, 즉 결혼이나 직장생활의 만족 등으로 이루어진다. 이 요소들을 통합되어 주관적 안녕감이라는 하나의 카테고리로 구성된다고 생각되나 각각 분리되어 접근하는 것도 필요하다. 가령 소득이 2,000만원이 4,000만원으로 늘었을 때와 6,000만원이 1억 2,000만원으로 늘었을 때 증가하는 주관적 안녕 감의 폭은 같다는 말이다. 말로서 우리의 소득이 2배 증가했을 때와 극빈층 네팔 농부의 소득이 2배 증가 했을 때 발생하는 편익이 똑같다는 뜻이다. 똑같은 금액이라도 누구를 돕는가에 따라서 훨씬 많은 편익을 제공할 수 있다는 설명도 가능하다. 중산층 이상의 소득을 2배 늘리는데 드는 비용보다 빈곤층의 소득을 2배 늘리는 것이 적게 든다. 같은 비용을 지불한다면 빈곤층 사람이 더 많은 혜택을 볼 수 있다.

삶의 의미는 돈을 얼마나 많이 벌지가 아니라 돈을 어떻게 쓸지를 고민하는 것에서 찾을 수 있다. 가치는 돈 자체가 아니라 돈이 제공하는 긍정적인 경험에 있다. 그런 긍정적인 경험이 우리의 인생을 더 의미 있고 목적이 있는 삶으로 만들 것이다. 작은 일이라도 보람되면서 다른 사람과 함께 할 수 있다면 우리의 마음에 기쁨이 가득할 것이다. 인생은 생각보다 그리 길지 않다. 이 때문에 우리가 무엇인가를 시작할 기회는 바로 이 순간밖에 없다.

미국의 저명한 엔터테인먼트 홍보 업체인 레빈 커뮤니케이션즈 오피스의 창업자 겸 사장인 마이클 레빈(Michael Levine)은 그의 저서 깨진 유리창 법칙(Broken Windows Broken business, 2006)에서 '강박관념'이란 다른 생각을 할 수도 없을 만큼 한 가지 생각에만 매달리는 것이며 한 가지 개념에 사고가 고정되어 있는 상태라고 언급했다.

일반적으로 우리가 무시해도 좋을 만큼 사소한 일은 없다. '작은 하나'가 '전부'로 변할 수도 있다는 것이다. 특히 경영자라면 잠자리에서도 비즈니스를 발전시키고 고객을 만족시킬 수 있는 방법을 고민하지 않는 다면, 즉시 깨진 유리창을 예방하고 수리할 방법을 고민해야 한다.

비근한 예로서 스타벅스처럼 짧은 시간에 고객의 사랑을 얻고 성공한 기업은 그리 많지 않다. 하지만 하워드 슐츠(Howard Schultz) 회장은 스타벅스가 이미 정상에 올랐고 그곳에서 버티기가 쉽지만은 않다고 투자자들에게 강조했다. 그래서 그는 직원들에게 훈련 프로그램을 받을 기회를 제공해서 슐츠는 어디 있는 유리창이 깨질지 늘 경계를 늦추지 않고 있다. 만약 강박적으로 행동하는 것이 선천적으로 타고나지 않았다면 열심히 연습해서 강박관념을 길러라. 깨진 유리창을 찾아내고 즉시 수리하는 습관을 길러라. 깨진 유리창이 사라지고 모든 게 제자리에서 제대로 움직이기 전까지는 다음 단계로 넘어가지 마라. 단 빠르고 결단력 있게 행동해야 한다. 행동 없이 생각만 하며 하루를 보낸다면 제대로 이루어지는 일은 없을 것이다. 나도 안녕 감을 높이기 위해 충실히 연습해서 좀 더 강박관념을 길러야 되겠다. 지금 당장 깨진 유리창을 고칠 수 없다면, 적어도 '수리 중'이라는 표시는 해두어야 마땅하다고 생각한다.

인간의 품격

성서에서 유명한 다윗과 골리앗의 싸움은, 돌멩이를 든 소년과 무장한 장수의 싸움이었다. 하나님의 계시를 받은 다윗은 골리앗을 이겨서 이스라엘 왕이 된다. 어느 날 다윗 왕이 반지가 하나 갖고 싶었다. 그래서 반지 세공사를 불러 그에게 말했다.

"나를 위한 아름다운 반지를 하나 만들되 내가 승리를 거두고 너무 기쁠 때에 교만하지 않게 하고 내가 절망에 빠지고 시련에 처했을 때엔 용기를 줄 수 있는 글귀를 넣어라."

"네 알겠습니다. 폐하"

세공사는 그 명령을 받들고 멋진 반지를 만들었다.

반지를 만든 후 어떤 글귀를 넣을지 계속 골몰하여 생각했지만, 세공사는 좀처럼 다윗이 말한 두 가지 의미를 지닌 좋은 글귀가 떠오르지 않았다.

고민하고 고민해도 마땅히 좋은 글귀가 떠오르지 않아서 다윗의 아들 지혜의 왕 솔로몬을 찾아갔다.

"왕자시여 다윗 왕께서 기쁠 때 교만하지 않게 하고, 절망에 빠졌을 때 용기를 줄 수 있는 글귀를 반지에 새기라고 하시는데 어떤 글귀를 적으면 좋겠나이까?"

솔로몬이 잠시 생각한 후 말했다.

"이것 또한 지나가리라.(This, too, shall pass away.)" 지혜서 '미드라 쉬'에 나오는 유태인들이 항상 즐겨 읽는 구절이다. 나치 학살 시에도 이 구절을 붙잡고 유태인들은 이겨낼 수 있었다고 한다. 지금 잘 나간다고 우쭐 대십니까? 이것 또한 지나가리라. 지금 너무 괴롭고 슬퍼서 하루도 살기 힘드신가요?

이것 또한 지나가리라! 아름답고 예쁜 젊음이 영원할 것 같은가요? 이것 또한 지나가리라!

항상 잘 되던 사람도 어려움이 생기기 마련이고, 지금 너무 힘들고 어려워도 언제가 반드시 자기가 꿈꾼 그날이 언젠가 올 수 있다는 것이다.

독일 속담에 '자식을 기를 때는 뿌리와 날개를 동시에 가르쳐라'고 한다. 가정에서 삶에 꼭 필요한 기본과 윤리, 든든한 안정감, 정신적인 힘을 단단히 길러 줘야하고, 동시에 홀로 세상을 자유롭게 유영할 수 있는 용기와 속박되지 않는 자유를 가르쳐야 한다는 것이다. 안과 밖, 토대와 상부를 모두 가져야 한다는 의미다. 영국의 역사가 기번(Edward Gibbon)은 "오늘의 나를 넘어 서라. 우리는 우리 자신을 이김으로써 발전한다. 자신과의 경쟁을 벌려야 하며, 이 경쟁에서 반드시 이겨야 한다."고 역설했다.

빌 게이츠가 추천한 브룩스(David Brooks)의 저서 『인간의 품격』에서 보면, "자신을 낮추고 배울 자세가 되어 있는 사람은 더 나은 삶을 살게 된다고 했다. 인간이 살아가면서 가장 조심해야 될 것 중 하나가 지나친 자만심으로 인한 교만이라 본다. 그래서 이러한 규칙도 명심해야 될 사항이라 여겨진다. 몽테뉴는 자만심을 경계하는 이런 말도 했다. 세상에 가장 숭고한 왕좌에 있는 사람도 결국 자기 엉덩이 위에 앉아 있는 것일 뿐이다."라고 말하면서, 그는 또한 "다른 사람도 내가 하는 것처럼 자신을 주의 깊게 성찰한다면, 내가 그런 것처럼 자신이 얼마나 우둔하고 허튼 생각으로 꽉 찬 사람인지 깨달을 것이다. 그러나 그 사실을 인식하고 있는 사람은 그렇지 않은 사람보다 좀 더 나은 상황에 있다고 본다."고 주장했다. 허지만 세상사에 지나친 자만심으로 인한 교만이 난무하는 경우도 흔히 있다. 그래도 우리는 감사하며 살아간다.

인간적 의미나 내용보다도 예술적 형식과 기교를 중시하며, 사상 감정보다 감각을 애호하는, 예술의 무감동성(impassibilite)이라고 하는 주장도 여기에서 나온다고 한다.

그렇구나. 정말 이 아름다운 세상을 우리에게 주신 창조주에게 감사하고, 이곳에 우리가 살아 숨쉬고 있음을 감사하고, 함께 할 모두에게 감사해야겠다.

무능의 항변

무지와 무능을 부끄러워하지 않는 한국사회의 거버넌스 시스템(governance system:지배제도)을 어떻게 하면 진정한 실력위주의 사회적 지위체계 '메리토크라시(meritocrecy)'로 이끌 수 있을까? 지난 번 고위 공무원 '개, 돼지' 발언이 물의를 빚고 있지만 아마도 실수는 단순한 선민의식의 발로만은 아니지 싶다.

우리가 이처럼 낙천적이고 긍정적으로 살아가면서 대상을 통하여 참 나와 만날 수 있다면, 길가의 잡초 한 포기에서도 힐링은 가능하다는 것이다. 비바람에 쓰러진 풀잎이 스스로 일어서듯이 나를 일으켜 세울 수 있는 존재는 바로 자신 밖에 없다고 생각한다. 나를 관조하여 얻어지는 치유와 힐링할 수 있는 능력은 내안에 있다고 본다. 상대와 싸워 이겨서는 평화를 이룰 수 없다. 힘들어도 서로 협력하고 화해함으로써 어떤 조직의 개체와 전체가 조화를 이루고, 그것이 새로운 창조의 질서를 만들게 된다고 여겨진다. 과연 누구를 대상으로 싸우고 투쟁해야 되는 지조차도 잘 모르고 살았다.

주역에서 보면 궁즉변(窮則變), 변즉통(變則通), 통즉구(通則久)라고 들 말하는 데 이것은 '궁하면 변하고, 변하면 통하고 통하면 오래간다.'는 뜻으로 알고 있다.

공자는 무신불립(無信不立), 즉 '신뢰가 없으면 국가가 바로 설 수 없다.'고 했다. 공무원들에 대한 국민들의 신뢰와 응원이 필요하며 공무원들도 국민의 신뢰를 얻기 위해 부단 없는 노력을 기울려야 한다고 생각된다.

현세 일등 리더는 경영자가 '마누라 빼고 다 바 바꿨더니 이기더라.'고 역설하기도 했다.

세라비(C'est la vie)는 프랑스어로 '이것이 인생이다'라는 의미이다. "프랑스 사람들은 대부분 무언가 실패하면 '이런 게 인생이지!' 하며 대수롭지 않게 생각한다고 한다. 그들은 실패란 넘어지는 것이 아니라, 넘어진 자리에 머

무는 것이니까." 라는 사고다.

유럽에서 '아무 소용없는 일'을 빗대어 검은 백조를 찾는 것과 같다(As likely as black swan)라고 했다. 즉, 블랙스완은 '있을 수 없는 일'의 상징처럼 쓰였다. 설령 눈앞에 단 한 마리의 검은 백조가 있다고 할지라도 '모든 백조는 희다.'라는 통설을 뒤집기에 충분하다. 그래서 정설은 언제든지 뒤집힐 수 있다.

철학자 마이클 폴라니(Michael Polanyi)는 "우리는 말할 수 있는 것 이상으로 알고 있다."라는 유명한 말을 남겼다. 이노우에 다쓰히코는 그의 저서 "왜 케이스 스터디(Case Study) 인가"에서 개인이나 조직이 자신들의 '지론'을 좀 더 깊숙이 들여다보는 습관을 기르는 것이 바람직하다고 강조하면서, 누구에게나 바라는 심정으로 평소 의식하지 않았던 연구나 조사 방법에 대해 다시 생각하는 계기가 되었으면 한다고 했다. 케이스 스터디는 학술연구뿐 아니라 실무에도 도움이 되는 조사 방법이므로 미래를 짊어질 젊은이들이 추적조사나 통설을 뒤집는 가설을 도출할 방법을 익히는 데도 도움이 되리라 생각된다. 우리가 생각지도 못할 사실들을 현장에서 발견하는 경험은 무엇과도 바꿀 수 없는 가치를 지니기 때문이다.

"절대 뒤처졌다고 분노하거나 좌절해서는 안 된다. 비록 절박한 한계에 휘청거리지만 칠전팔기하여 앞서가려고 하는 뒷모습도 소중한 교훈이 될 수 있다. 이래도 포기하지 않는 나는 누군가의 모델이 되고 바른 길이 될 것이다."라고 몇 번이고 반복 말하면서 자신을 위로하고 주먹 한번 불끈 쥐었다. 반짝이는 별을 처다 보며 지금의 상황에서 버려야 할 것이 무엇인지 헤아려 보았다.

첫째, 내 능력과 실력으로 스카이대학에 대한 집착을 버려야 되겠다.

둘째, 나를 지탱해준 행운이라는 막연한 환상을 이제는 분명히 버려야 한다. 그나마 지금의 위치까지 도달한 것에 정말 감사해야 된다.

셋째, 자립, 독행하고 적극적인 자세로 모든 일에 대처하며, 누구에게든 의존하겠다는 마음을 버려야 한다.

'불가근불가원'이라 가까이 할 수도 멀리 할 수도 없는 주변 상황이었다. 나는 처해진 환경을 잘 이용도 못했고, 2차 대학에 합격하여 돈 많은 친구의 도움으로 등록했다. 몇 개월 대학을 같이 다녔지만 그 후에 갈려고 하니 자존심이 상하고 심적인 고통과 열등의식으로 대학 갈 마음자세가 되지 못해서 난처했다. 용기도 없고 자신감도 없어서 고생한 부모님 생각이 늘 마음에 있고 형님들에게 가서는 도와 달라고 준비한 말도 하지 못했고 바보처럼 그런 말도 나오지도 않았다. 건강도 안 좋고, 머리도 자주 아프고 스트레스로 신경이 날카로워졌다. 열정이 사라지고 허무하게도 자신의 무기력과 무능력에 한계점에 왔다고 생각되었다.

진학할 여건도 별로였고 사실 상고를 졸업하여 무작정 대학 진학을 하려고 한 것이 나에게 무리였다고 생각된다. 그러나 결코 포기하지는 않는다고 자신을 추슬러 보았다. '포기할 수 없는 이유는 뒤처졌다고 화를 내거나 좌절해서는 안 된다. 앞서가는 자의 방황하는 뒷모습도 소중한 교훈이다. 모든 것이 나의 무지와 무능에서 비롯되었다.

'포기하지 않는 당신도 누군가의 길이 될 것이다.' 마음속으로 울며 몇 번이고 크게 외쳤다. 군대 영장이 나왔고 대학을 휴학하고 육군에 입대하여 논산 훈련소를 나와서 광주 포병학교에서 포병 특과 교육받고 최전방 강원도 신철원에 위치한 포병대대에서 근무했고 만기 재대했다. 군 재대 후 국가와 지방 공무원시험을 쳐서 둘 다 합격해 두고 부산 야간 대학에 영문과로 등록 했다. 서울로 가고 싶었으나 어디 마땅한 비비댈 언덕이 없었다. 그 정도라도 될 수 있었던 것도 부모님과 형님, 형수님들, 친구들과 친지들의 격려와 배려 덕분이라 진심으로 감사하게 생각한다.

본립도생(本立道生)

삶의 즐거움은 행복의 중요한 기본 선물이다. 하지만 자신의 행복만을 위해 좇는 무분별한 쾌락은 타인에게 혐오와 수치를 준다. 남들이 나를 어떻게 생각하는가를 아주 무시하기는 어렵다. 그러나 더 중요한 것은 내가 나를 어떻게 생각하느냐 하는 문제다. 남이야 알아주든 말든 자기를 긍정적으로 받아들일 수 있다면 우리의 삶은 일단 성공이라고 보아도 좋을 것이다.

허영이 난무하고 허황한 거짓과 위선이 걷잡을 수 없이 퍼지기도 한다. 이런 세태에 적응해 가며 요령만 부리면 사는 것은 결코 옳은 길이 아니다. 세상의 물결을 타고 그릇된 명예를 얻고자 동분서주할 것이 아니라 차라리 안으로 내 자신의 부족함과 빈칸을 더 채우는 것이 보다 바람직하다. 나 자신에게 부끄럽지 않은 삶을 구하는 편이 상책일 것이다.

공자는 본립도생이라 하여 '근본이 바로 서면 길은 열린다.'라고 강조 했다. 즉, 바람이 거세게 불면 가지는 흔들려도 뿌리가 깊다면 굳건하게 제 도리를 다한다는 뜻이다. 자신에게 세상의 어떤 곤욕과 풍파가 닥쳐도 흔들리지 않고 당당하게 길을 열어 나갈 수 있다는 것이다. 세상사의 일들을 보고 있노라면 평소 세상을 바로 살아야 하겠다는 생각을 갖게 한다. 남에게 이겨서 자신만이 살아남기 위해 온갖 수단과 방법이 난무하는 세상이다. 정말 웬만한 '본립'이 아니고는 살아남기 힘든 세상이다.

우리는 어떤 인생관과 가치관을 가지고 어떻게 살 것인가. 나의 설 자리가 어디며 나의 할 일이 무엇이냐. 이것을 바로 알고 실천하는 것이 중요하다. 죽을 때까지 우리는 어떤 인생관과 가치관을 가지고 어떻게 살 것인가 늘 고민해야 한다. 나의 설 자리가 어디며 나의 할 일이 무엇이냐. 이것을 바로 아는 것이 자신의 인생철학이요, 가치관이라 생각한다.

우리는 확고한 정신적 지주, 올바른 생활신조를 가지고

살아야 한다. 인생에 대한 깊은 깨달음이 있고 자신의 삶에 대한 확실한 신념이 있어야 한다. 이는 마치 나무가 뿌리가 약하면 조그만 비바람에도 쓰러지지만 뿌리가 깊으면 가지가 무성하고 풍성하고 소담한 열매가 열린다. 이 세상에 뿌리처럼 귀중한 것이 없다. 제 뿌리를 찾고 제 뿌리를 튼튼히 해야 한다.

본립도생에 부가되는 또 하나는 천재불용(天才不用)이다. 천재불용의 의미는 '재주가 덕(德)을 이겨서는 안 된다'라는 말이다. 지난 과거의 역사에서 증명되듯이 존경받는 인물이나 지도자는 대부분 천재가 아니라 덕이 높은 사람이다. 그러므로 현 시대의 부모는 자식을 머리 좋은 사람으로 키우기 전에 덕을 좋아하고 덕을 즐겨 베풀 줄 아는 좋은 사람으로 키워야 할 것이다. 즉, 적극적인 협동정신과 남을 배려하는 봉사정신이 우선적이며 중요하다. 그래서 나의 인생의 뿌리가 바로 서 있는가. 나의 정신의 뿌리가 튼튼한가. 나의 생활의 뿌리가 확립되어 있는가. 먼저 나의 존재의 뿌리를 튼튼하게 하자. 나는 과연 뿌리 깊은 나무와 같은가? 덕을 좋아하고 덕을 베풀 줄 아는가?를 먼저 나 자신에게 물어보자.

누구나 노인이 된다

며칠 전 혁신위원장이 청년들과 만나서 '남은 수명에 비례해 투표권을 주는 아이디어가 합리적'이라고 말해 논란이 있었다. 언론에서 '노인 비하 발언'이라고 비판하고 나섰는데, 그녀는 노인을 "짧은 미래를 가진 사람"이라고 지칭했지만, 언론에서 논란이 불거지자 김 위원장은 '젊은 세대의 투표를 독려하려는 취지에서 한 말'이라고 반박했으나, 결국에는 노인회에 사과 방문했다. 말하는 당신도 지금 노인이 되어 가고 있다.

오늘 아침 뭔가 필요한 것을 가지러 거실에서 서재로 간다. 그런데 서재로 들어서는 순간 도대체 무얼 가지러 왔는지 생각이 나지 않는다. 아무리 생각해도 떠오르지 않아 다시 거실로 간다. 치매(dementia)예방의 차원에서는 이럴 경우 천천히 생각해 보는 것이 여러 면에서 좋다는 관련 책도 보았고 치매예방센터에서 듣기도 했다. 그래 무얼 하고 있었지? 앞서의 내 행동을 조용히 생각해 본다. 그래 거실 소파에 앉아 신문을 읽고 있었던 거야, 그랬더니 재미있는 기사가 있었고, 그걸 오려서 보관하려고 마음먹었지, 그런데 가위가 보이질 않아. 그래! 가위구나. 그래서 가위를 가지러 서재에 갔다는 걸 기억해 내는 것이다.

"아! 잊어버렸네!" 그런데 무엇을 잊었는지 생각이 잘 나지 않는다. 기분이 나쁘고 불안한데 무엇 때문에 그런지 알 수가 없다. 이런 기분을 이해할 수 있는 이가 얼마나 될까? 이걸 알 만한 사람이라면 치매의 전단계이며 이미 나와 같은 노인이다.

오래 동안 살던 곳에서 재개발로 이사를 한 후 책 3백권 정도를 모 대학에 기증했다. 필요한 책을 찾다가 책이 집에 없어서 기증한 학교에 가서 아무리 찾아보아도 없었다. 왔다 갔다 하면서 시간과 돈을 낭비하고 사실은 내 서가 구석에 놓여 있었다. 알츠하이머병(Alzheimer disease)도 원인을 알 수 없는 뚜렷한 뇌 위축으로 기억력과 지남

력이 감퇴하는 병으로 노인성 치매와 거의 같은 뜻으로 쓴다.

노래방 기기가 없이는 애창곡 하나 부를 수 없고, 중요한 기념일이나 회의는 피디에이(PDA)가 챙겨 줘야 할 정도로 디지털 기기에 의존하는 현상을 보고 '디지털 치매 증후군'이라는 신조어가 생겨났다. 의료 환경의 개선으로 노인의 수명이 늘어난 데 비해 제대로 된 실버 문화가 자리 잡지 않아 노인 치매 환자 증가라는 현상으로 나타난다는 분석이다. 기억력이 떨어지고 손으로 글을 쓰는 게 어색해지고 계산기가 없으면 암산은커녕 간단한 계산조차 하지 못하는 현상, 디지털 시대의 새로운 증후군으로 이른바 디지털 치매다.

지인이나 친구들과의 사적인 대화에서는 그런 경우가 흔히 있다. 비장의 카드로 준비한 재미난 애기를 한참하고 있는데 상대방 표정이 미묘하게 굳어지고 있다는 감을 잡는다. 웃어야 할 대목인데 웃지 않는 것이다. 이상한데, 하고 기억을 되짚어보니 같은 애기를 같은 상대에게 이미 한 적이 있는 거다. 딱하게도 무려 세 번째일 경우도 있다. 은행 현금카드를 분실하여 찾다가 못 찾고 분실신고를 한 후에 다시 재발급 카드가 왔을 때 쯤 분실한 카드를 찾을 경우도 두 번 있었다. 완전한 기억의 공백이다. 카프카의 소설 세계와 같다고 할 수 있다. 설사 자각하지 못한 죄를 덮어쓰더라도 기억이 없으니 저항할 수도 없다. 경찰에 붙잡혀 가 "당신 도둑질을 했어"라는 말을 들으면 기억을 총동원해 저항해보기도 전에 "죄송합니다."하고 죄를 인정해 버릴지도 모른다. 상상만 해도 등골이 오싹해 진다. 이 얘기를 웃으며 읽는 사람은 아직 노인이라는 존재에 대한 리얼리티를 느끼지 못하고 있는 사람이다. 나도 예전엔 웃었다. 이제 곧 익숙해져 자신도 별 저항감이 느끼지 않게 될 것이다. 그때 나는 완전히 노인이 되는 것이다. 지금도 치매 예방 프로그램 등을 보고 실천하며 노력하고 있지만 앞으로 더 노력과 시간을 들여야 되겠다.

자신이 원하는 것이 무언지 모르겠다면 조급해 하지 말고 자신에게 계속 물어가며 시간을 들여야 보다 잘 알 수 있을 것이다. 당신 안에 반짝반짝 빛나는 보석이 있으니 찾아내라는 것이다. 그것이 당신이 이 세상에 나올 때 받아 나온 소명이요. 자신이 찾고자하는 중요한 보석은 의지와 수고에 의해 찾아지고 드러난다. 누구나 노인이 된다. 그때까지 잘 몰랐던 세계에 들어가는 것이다. 그것은 그것대로 재미있고 점차 더 재미있을 것이라고 생각하고 있다. 우리나라도 이제 일본처럼 소가족이자 고령화 사회로 돌진해 가고 있다.

지인이나 친구들이여, 세월이 흘러서 내가 여러분과 다시 만날 때 이름을 잘 기억하지 못하더라도 용서해 주기를 바랍니다.

박일호 수필집

군맹무상(群盲撫象)

초판1쇄 발행 2023년 8월 30일

지은이 박일호
펴낸이 이길안
펴낸곳 세종출판사

주소 부산광역시 중구 흑교로 71번길 12 (보수동2가)
전화 051－463－5898, 253－2213~5
팩스 051－248－4880
전자우편 sjpl5898@daum.net
출판등록 제02-01-96

ISBN 979-11-5979-609-8 03810

값 15,000원